VOCABULAIRE
AUSTRASIEN.

VOCABULAIRE
AUSTRASIEN,

Pour servir à l'intelligence des preuves de l'Histoire de Metz, des Loix & Atours de la Ville, des Chartres, Titres, Actes & autres monumens du moyen âge, écrits en Langue Romance, tant dans le Pays-Messin, que dans les Provinces voisines.

Par DOM JEAN-FRANÇOIS, *Membre titulaire de l'Académie-Royale des Sciences & des Arts de Metz*, &c. &c.

A METZ,
Chez JEAN-BAPTISTE COLLIGNON,
Imprimeur-Libraire, à la Bible d'or.

M. DCC. LXXIII.
Avec Approbation & Permission.

AVANT-PROPOS.

CET Ouvrage n'est rien moins que brillant ; il ne méritera, sans doute, ni jalousie, ni critique ; ce n'est qu'un amas de petites pierres détachées de l'édifice de l'histoire du pays. La collection que j'en ai faite ne peut qu'être agréable à ceux qui aiment à tout voir.

N'y eût-il que le motif de satisfaire ces personnes, il seroit plus que suffisant pour me porter à le leur offrir ; mais il en est un autre plus digne d'elles & de nous, c'est de rendre un service important à tout le pays, en facilitant à tous les propriétaires, aux Seigneurs & aux gens d'affaires, ij *Avant-propos.*

l'intelligence de leurs titres ; aux Procureurs & Avocats, celle des piéces de leurs clients.

Le but principal que je me propose dans ce Vocabulaire, est donc d'être utile, & une expérience prématurée m'assure en quelque maniere du succès. Depuis seize années que je travaille à l'histoire de Metz dont les deux derniers volumes vont paroître, on n'a cessé de venir me trouver pour avoir l'explication de chartres, de titres, d'actes, &c. Je me suis toujours apperçu, que la peine de les entendre, venoit moins de la difficulté des caracteres gothiques, que de celle des termes mêmes dans lesquels ces monumens sont conçus. J'ai conclu de là, que cet ouvrage étoit nécessaire à quiconque a des titres dont il veut prendre connoissance par soi-même, & à ceux qui possédent des droits dont ils veulent jouir dans leur juste étendue : je le donne en conséquence. *Si utile est quod facimus, vera gloria.*

On nous reprochera peut-être d'y avoir inséré des termes à racines latines, qui, avec la moindre attention, peuvent être entendus de tous ceux qui ont quelque connoissance du latin ; mais aussi l'on ne pourra disconvenir de leur utilité pour d'autres personnes qui ignorent cette langue ; & ce motif a suffi pour nous déterminer à ne les pas mettre de côté. C'est la même raison qui nous engage à rapporter certains termes qui n'appartiennent pas plus à l'idiôme

Auſtraſien & Meſſin, qu'à la langue commune du temps.

Loin d'appréhender ce reproche, je crains, au contraire, que les vrais Savans ne ſe plaignent de ce que je n'en ai pas donné davantage. N'aurois-je pas bien fait, par exemple, ſi j'euſſe dit *qu'une livrée de terre*, étoit une portion de terrein labourable, qui rapportoit en revenu annuel, la ſomme d'une livre, en latin, *libra*; qu'une *ſoldée*, étoit un terrein qui ne valloit par an qu'un ſol, en latin, *ſolidum*; que l'*obolée*, étoit celui qui produiſoit une obole, en latin, *obolus*; qu'enfin, le terme de *denrée de terre*, dont on ſe ſert encore dans quelque canton, n'étoit rien autre choſe qu'un terrein qu'on eſtimoit rapporter par an, un denier, en latin, *denarium*, &c.

Avant-propos. v

Quelques-uns nous reprocheront encore, (car on ne cherche qu'à critiquer), de n'avoir pas donné un Glossaire, au lieu d'un Vocabulaire, il m'étoit aussi facile de donner l'un que l'autre, mais certes, on n'a pas besoin de nouveau Glossaire ni à Metz ni ailleurs, après ce qu'en ont écrit Messieurs le Président Hainault, Ducange, de Lauriere, de Sainte-Palaye, le Moine & Lacombe, &c. (*a*)

D'ailleurs on trouve dans notre histoire ce qui concerne les Messins & leur pays, singuliérement tout ce qu'on peut désirer sur l'ancienne administration de leur République, leurs loix, leurs mœurs, leurs usages ; nous en

(*a*) *Voyez* les Affiches des trois Evêchés, n°. 32, Août 1773, page 133.

avons fait un des objets essentiels de notre second volume.

Je n'ai donc rien autre chose à faire qu'à bien remplir le but de mon vocabulaire. A cet effet, je termine la Nomenclature, 1°. par la Conjugaison des Verbes Romançons ; ce qui répandra sur la langue Romance Austrasienne, un jour capable de suppléer aux termes qui peuvent nous être échappés ; 2°. par une Liste chronologique des Maîtres-Echevins de Metz, pour servir à vérifier les dates des chartres, actes, & autres monumens du pays, & à en connoître, par ce moyen, la vérité ou la supposition.

Au reste, si quelqu'un pense de bonne foi devoir se rendre utile par un Glossaire, ou quelqu'autre ouvrage en ce genre, il peut puiser dans le *Grand Cartulaire de la Cité*, dans les Recueils des *Loix de Finances*, de *Police générale*, de *Jurisprudence* à Metz sous les Empereurs, & dans d'autres *Manuscrits* que je viens de déposer aux Archives communes de cette Ville, pour servir à la gloire & à l'utilité de la patrie.

VOCABULAIRE AUSTRASIEN.

A a

A. — Pour. *Et ot à femme Yzaibels;* & eut Isabelle pour femme.

ABANDIRE. (s') — S'attrouper. *Bandes.* — Compagnies de Soldats. *Chefs de bandes.* — Capitaines.

ABAXIER. — Appaiser. *Abaxier les noixes.* Mettre la paix. Oter les occasions de querelles.

ABBEI, ALBES, ABBÉ. (ly) — L'Abbé d'un Monastere.

ABECELLÉ. — Mis par ordre alphabétique.

A

ABESSON, ABSON. — Champignon. Aujourd'hui en Messin, *Opson*.

ABSOILLER. — Absoudre. *Que Dieu absoille*. Que Dieu absolve, du latin *absolvere*, délier, dégager, absoudre de fautes.

ACCOMPAIGNER. (se) — Se joindre en compagnie, s'accoster de quelqu'un.

ACERTENEZ. — Bien instruit, assuré, convaincu.

ACERTES. — Expressément.

ACOURT. — Durant, dans le cours. *Acourt de celuy diner*. Durant ce diner.

ACOUSTRÉS. (Noblement) — Richement habillés, ajustés, équipés.

ADCORT. — Accord.

ADÉS. — Depuis ce moment. *Dés* signifie la même chose. *Adés* signifie encore, *toujours*. *Adés accroissans*, toujours Auguste. *Cartulaire de Metz, pag. 86. verso*.

ADEVISE. — Ecrit, convention.

A a

ADICTIOUN. (li trazéime) — La treiziéme indiction.

ADIT. — Au dire. *Adit le vignour.* — Au rapport, au dire du Maître des vignerons.

ADMINISTRERS. — Admodiateurs, fermiers, régisseurs de campagne.

ADMONESTEMENT. — Avertissement, du Latin, *Admonere*, avertir, reprendre.

ADÔMAN. — Adémar, Evêque de Metz dans le XIVe. siécle.

ADONQ. — Alors.

ADRESSIER. — Régler, mettre le bon ordre.

ADVENANT. — (son) Sa compétence, sa portion.

ADVERSAINS. (draps) — Draps croisés, petits draps.

AFFICHES. — Epingles.

AFFIÉRER *une femme*. — La parer, la bien habiller.

AFFINER. — Mettre fin, faire cesser de parler, faire taire.

AFFINIR. — Terminer.

AFFOLER. — Eſtropier. Il ne faut pas confondre *affoler* avec bleſſer. Les Atours puniſſent bien plus ſévérement celui qui *affole*, que celui qui bleſſe. *Affoler* eſt donc caſſer ou mutiler un membre, faire quelque plaie incurable.

AICQUES. — Quelquechoſe. *Les uns lui donnons aicques, & les autres noure.* Les uns lui donnerent quelque choſe, les autres le refuſerent.

AIDÉS. — Jadis.

AIE. — A. *Aie ceulx que venus feront,* à ceux qui feront venus.

AIGNEL. (St.) — Saint Aignan, Egliſe & paroiſſe du Pays-meſſin.

AIGNERY. — Ennery, village du Pays-meſſin.

AIMAR. — Adémare, Evêque de Metz : en Latin, *Ademarus*.

AINGIERS. (de) — D'Angers, ville de France, capitale de la province d'Anjou.

AINSSOISQUE. — Encore que, à moins que.

AIPRENAIGE. — Apprentiffage d'un métier.

AIRANGES. (le Prince d') — Le Prince d'Orange.

AIREY. — Arry, village de Lorraine, à la gauche de la route de Metz à Pont-à-Mouffon.

AISTRAINGER. — Aliéner. *Ly Maiftre Efchevin jurera qu'il n'aiftraingera nul des fiefs qui appartiennent à l'Efchévinage.* Qu'il n'aliénera aucun fief, &c.

AIXEMANT. — Latrine, égout. *Et legectérent en ung aixemant.* Ils le jetterent dans un égout.

ALAIDIR. — Délaiffer, abandonner.

ALAIXIER. — Abandonner. *Et en ait etés alaixiet toutes voyes de juftices.* Ce qui a fait abandonner toutes les régles de la Juftice.

ALBANEZ. — Albanois, originaires d'Albanie, Province de la Turquie fur le Golfe de Venife.

ALBASSE. — Abbeffe.

ALEXEMENT. — Attachement.

ALLEIGNE. — Haleine, souffle. *Sa derniere alleigne.* Son dernier souffle.

ALLEXY. — Olgy, village du Pays-messin, sur le bord de la Mozelle, au-dessous de Metz.

ALLIXOURS. — Electeurs de l'Empire; on trouve aussi *Elisours.*

ALLOIANCES. — Alliances.

ALMONE. — Aumône. *Por Deu & en almone.* Pour Dieu & en aumône. On trouve aussi, *Airlmone*, pour aumône.

ALNEUX. (les) — Les Auneurs jurés.

ALTARIS. — Prêtre qui dessert une autel. Chapelain.

ALTRES. — Autres. *En toutes altres choses.* En toutes autres choses.

ALVETS. — Alluvions, isles. *Entrefons & en alvets.* Et en isle.

AMANS. (les) — Les Amans étoient dans la République de Metz, ce que sont aujourd'hui les Notaires. Voyez *l'Histoire de Metz.*

A a

AMBEDEUX. — Tous deux.

AMBLER. — Prendre d'emblée, enlever de plein saut.

AMBULLER. — Embarrasser.

AMEI. — Ami. *Noſtre très-chier amei.* Notre très-cher ami.

AMENAIGE. (pour l') — Pour la voiture.

AMENDRIR. — Diminuer.

AMENTIR. — Donner un démenti.

AMER. — Aimer.

AMIS *Charnais juſqu'à la tierce jointe.* — Parens & Alliés jusqu'au troisiéme degré incluſivement.

AMOINNÉ *en chieu lour peire.* — Conduit chez leur pere.

AMONUTION. — Avertiſſement. Ordonnance.

AMOURER. (s') — S'amouracher.

AMPELTRER. — Impétrer.

AMPLAIDIEIR. — Intenter procès. *Tuit cil & toute celles ke les amplaidieroient.* Tous ceux ou celles qui les plaideroient.

AMPRINDRE. — Allumer. *Il s'amprint*, il s'alluma.

ANCENSIER. — Encenfoir d'Eglife.

ANCESSORS. — Prédéceffeurs.

ANCEY. — Ancy fur Mozelle, village & l'une des quatre Mairies du Val de Metz, terre de l'Evêché.

ANCHAINGE. — Echange.

ANCOIS. — Au contraire, encore que.

ANCOMBREIR, ou *Ancombrer*. — Conglober, amaffer, comprendre le tout.

ANCY. — Auffi.

ANDRIEU. (St.) — Saint André, Apôtre.

ANELS. — Anneaux, bagues nuptiales.

ANELS *du pont des morts*. — Arches de ce pont.

ANGLEMENT, ou *Anglemur*. — Terrein au bas & au coin des rues de la garde & fous St. Arnould, autrement dit, *fous les hauts prêcheurs*. Il y avoit en cet endroit une fauffe porte

porte ou poterne, & des tours qui ont été démolies lors de la reconstruction du mur de ville sur la Mozelle en 1552. Il n'y avoit alors que sept portes de ville ; savoir, celles du Pont des morts, de Scarponne, par corruption, Serpennoise ou Champenoise ; de Saint-Thiébault, de Mazelle, des Allemands, du Pont Raimond ou Ste. Barbe, & du Pontiffroy qui formoit aussi une issue pour aller à l'isle de Chambiere.

ANGLISE. — Eglise.

ANHORTEMENT. — Exhortation, instances.

ANMIS, *Prachiens & charneis.* — Les proches parents. *Les plus prochiens ou charneis dou par peire & dou par meire.* Les parens les plus proches du côté du pere & du côté de la mere. *Voyez* Amis.

ANNALSPLAIT. — Plaids-annaux. Ceux que tenoit le Maître Echevin avoient des cérémonies tout-à-fait singulieres. *Voyez* l'Histoire de Metz.

B

ANNALS & ANNAULX. — Service & Messe des morts, qui se célébrent au bout de l'année du décès.

ANNÉE. — Ainée. *Notre année fille.* Notre fille ainée.

ANNEY. — Ainé. *Notre fils anney.* Notre fils ainé.

ANNERY. — Ennery, village du Pays-messin, sur la Mozelle, au-dessous de Metz, quelquefois appellé *Aignery*.

ANNONCIER. — Déclarer.

ANNORTEMENT. — Entêtement.

ANOÏER. (s') — S'ennuier.

ANOUX LA GRAINGE. — La grange aux agneaux.

ANQUASTE. — Enquête.

ANREGNER. — Battre, casser les reins, éreinter.

ANTEILLEY. — Antilly, village du Pays-messin.

ANTOINE. (St.) — Commanderie de St. Antoine, placée lieu dit, *sur les moulins*, à présent, *Quai St. Pierre*.

ANTRECHAITTES. — Planches de

séparation dans une caisse, pour y former des cases différentes.

ANXEWANT. — en avant, dans la suite des temps. *Eundo, exeundo.*

APAISANTER. — Appaiser, faire paix.

APOINTEMENT. — Accommodement, convention.

APOINTER. — Accorder, convenir.

APOSTOLE. — Autorité apostolique.

APOURI. — Appauvri.

APOUSSAIRE. — Epouser.

APPAREILLÉ. — Prêt à faire, disposé à faire.

APPENDRE le scel. — Sceller, attacher le scel.

APPENDRE. — Dépendre. *Cu qui appent.* Ce qui dépend de la maison, de la terre.

APPERT. (est) — Publiquement.

AQUASTEIR. — Acheter, acquérir.

ARA. — Aura.

ARAINER — Accuser.

Arche d'Aman. — Cabinet voûté, ou les Amans gardoient le dépôt des minutes des contrats. *Voyez* Amans.

Ardours. (les) — Les brûleurs, les incendiaires.

Ardre. — Brûler.

Arderie. — Entêtement, obstination.

Aremer. — Accuser, répandre un mauvais bruit contre quelqu'un.

Armaires. — Armoires.

Armoigne. (l') — L'aumône.

Armoiriez. — Armurier.

Arrours. — Erreurs.

Ars. — Brûlés. *Adonc furent ars les musels.* Alors furent brûlés les lépreux.

Artillement. — Artillerie.

Aruiner. — Ruiner.

Arvolz ou *Champ à issaille*. — Arcades au contour de l'ancienne place du Champ-à-Seille. Ces arcades formoient une voye publique. On voit encore une partie de ces arcades dans la rue de Coiflin, qui aboutit d'une part à la petite place du Quarteau, & d'autre part, aux environs de la Chapelle des trois Rois, dite *la Chapelotte*, près le Pont-à-Seille.

ASSAIER. — Eſſaier.

ASSAULTER. — Aſſiéger bruſquement. *Aſſaulter le Moſtier d'Aix ſur Moʒelle.* Aſſiéger bruſquement l'Egliſe d'Ars ſur Mozelle.

ASSEIER. — Aſſiéger. *En ceſte année 1372, aſſeiont ciaulx de Metʒ Sampigny.* En cette année 1372, ceux de Metz aſſiégent Sampigny.

ASSERVIR. — Conſommer, achever.

ASSEVER. — Procurer.

ASSOULAS. (aller) — Aller ſe délaſſer à la promenade.

ASSOUR. — Abſoudre. *Li Abbei & li Covent m'ont aſſout & mes anceſſors de par ous & de par l'Apoſtole de toutes les mépriſons ke nous avons fait à l'Egliſe Saint Arnot 1235.* L'Abbé & le Couvent m'ont abſous.

ATANT. — Au temps. *Atant confaixioit ce palais.* Lorsqu'on travailloit à la construction de ce palais.

ATANTALZ. — Attentats.

ATOUR. — Statut & Réglement souverain, fait par les Juges de la Cité, dans une assemblée générale des Membres de la République Messine.

ATOURNER. — Statuer, arrêter.

AUTEIT. (l') — L'autel d'une Eglise.

AVAL. — Aller en aval sur une riviere, c'est aller en descendant.

AVALLER. — Descendre, abaisser.

AVAULT, AVAULX. — Parmi, dedans.

AVESTURE. — Investiture. *Et penret son avesture de lui.* Il prendra de lui ses investitures, ses pouvoirs.

AUBESSON. — Très-petit poisson.

AUDERIENS. — A la fin.

AVENANT. (à l') — A proportion.

AVESCHIÉ. — Evêché. *L'Aveschié de Mes.* L'Evêché de Metz.

Avoit. (grand) — Grandes richesses.

Auplusbrief que. — Au plutôt, à la premiere occasion.

Ausaissoire. (l') — L'accessoire, incident dans un procès.

Aussay. — Alsace.

Awaigne. — Avoine.

Awegney. — Augny, village du Paysmessin au pied de la côte de Chatel-Saint-Blaise.

Awelz. — Avec. — *Huchier awelz lour aultres atours.* Proclamer telle ou telle Ordonnance avec leurs autres loix de la Cité.

Axurer. — Assurer, donner sûreté. *Aixursel.* Qu'il assure ; troisiéme personne du Subjonctif. *Axurer*, signifie la même chose. *Voyez* Axurement.

Aydant. — Allié.

Aysil. — Oseille, herbe potagere.

Axurement. — Sûreté. Assurance.

B

BACCONS. (corſe de) — Bandes de lard. *Bacon* en Meſſin, ſignifie un veau.

BADON. — Abattis, chûte.

BAFFANDURES. — Etoffes mal teintes. Mauvaiſes teintures.

BAGUE. — Bagage. *Sortir vie & Bagues ſauves.* Sortir d'une Ville priſe, ſa vie ſauve avec ſes bagages.

BAHEGNE. — Bohême.

BAICHETS. — Brochets.

BAIGNES. (milleurs) — Meilleurs effets.

BAILLE. (une) — Une porte avancée de la Ville, par laquelle on ſe fait apporter ce que l'on veut, en cas de beſoin, du verbe *bajulare*, qui ſignifie porter. Les mots *porterne, poterne* dans l'ancien Meſſin, ſignifient la même choſe.

BAILLIE. — Bouillie.

Bair.

B   b

BAIR. (jeu de) —— Jeu de courses. Jeu de barres.

BAIRE. —— La barriere d'une porte de la Ville.

BAIRÉTE. (être) —— Etre trompé par quelqu'un, & arrêté à la barriere.

BAIRRE. —— Bâtard. *Sens bairre.* Cens bâtard.

BAIX. —— Bas.

BAITANS. (les) —— Les Flagellans, qui coururent le monde vers 1348.

BAISTANT, ou *Beiſtant*. —— Emeute ou bataille entre deux Paraiges. Il étoit défendu à ceux des autres Paraiges d'aller dans cette mêlée, lorſqu'elle s'élevoit. Il n'étoit pas permis dans ces Baiſtans, de ſe ſervir d'épées, d'arbaletes, ou d'autres armes ſemblables.

BAISTANT. —— Signifie auſſi un procès, une querelle particuliere.

BAIXIER. —— Baiſſer.

BALADE. —— Piéce en vers. Satire.

BAN. —— Publication de l'ordre d'un

C

Supérieur. *Prendre ban*, c'est ordonner; *avoir ban*, c'est avoir un ordre, le pouvoir.

BANCLOCHE. — Son de la cloche, pour la tenue des Plaids-annaux.

BANDEROLLES. — Bannieres, étendards, enseignes.

BAN D'EXUREMENT. — Depuis appellé, *Ban d'assurement*, qui signifie qu'on a droit de faire déguerpir quelqu'un d'une terre ou d'un bien quelconque, qu'on a à cet effet obtenu un ordre de la Justice.

BAN DE TRÈS FOND. — Espéce de décret, par lequel après trois publications & autres formalités, le rentier & créancier se faisoit adjuger l'héritage assuré & non relevé pour en jouir propriétairement.

BANIXIER. — Bénir. *Maires de porte Muzelle banixiés vostre plait.* Bénissez les plaids.

BANNERETS, ou *Banneries*. — Offices & Officiers des Paroisses.

BARAT. — Embarras.

BARTHEMEUS. — Barthelemy.

BASSINET. (arme de) — Fusil, ou arquebuse.

BASTILLE. (ung) — Un Château de bois, un Fort.

BATON A FEU. — Terme générique pour signifier un canon, une coulevrine, un fusil, ou arquebuse, mais singuliérement ces derniers.

BAUDE. (Marquis de) — Marquis de Baden ou Bade, Prince de l'Empire.

BAYSTIEUX *à la quintaine*. — Batteaux de moyenne grandeur, que nos batteliers appellent, *Cainne*.

BEHEMGNE. — Bohéme.

BEHEMGNONS. — Bohémiens.

BELVEUX. — Bévoy, Terre & Ferme du Pays-messin, à une lieue de Metz, à la droite de la route de Strasbourg.

BÉNAISTRE, ou *Benades*. — Les deux paniers que l'on fait porter au cheval pour transporter des œufs, &c.

Besognes. — Affaires.

Beu. (de) — De buste, de corps.

Bezant. (un) — Grosse somme d'argent, un talent. *Et ne doient mis respoure en terre lou bezant, que ly Syre lour ait commandeit.* Ut acceptum à Domino talentum non abscondant in terrâ. *Chartre de l'établissement du Maître-Echevin en 1179.*

Bibra. — Maison de campagne hors & près la Porte des Allemands, détruite depuis long-temps.

Bichey d'argent. — Boîte d'argent en forme de panier.

Bienveignant. (faire le) — Faire compliment & félicitation sur l'arrivée de quelqu'un.

Bierre Chevaleresse. — Litiere.

Billerdé. — Galonné en or ou en argent.

Billouairt. — Boulevard, espéce de Château qui étoit à chacune des portes de la Cité.

Bloquels. — Blocailles.

Bloreux. — Blory, cense au Sablon.

Bollewerque. — Boulevart.

Bonnes. — Bornes, limites.

Bonnes gens du pays. — Les habitans de la campagne.

Bordeau. — Ruelle qui aboutissoit d'une part au haut de la rue de Chevremont, à côté du Prieuré de Saint Eloy, aujourd'hui les Carmes-déchaussés, & de l'autre, au bout du Quay Saint Pierre.

Bossonville. — Bouzonville, bourg de Lorraine.

Bouge'e. — Bougie.

Boviers. — Domestiques de charrues, conducteurs de bœufs.

Bourchier. — Grand vase d'étain dont on se servoit pour aller chercher de l'eau.

Bordes. — Lieux où l'on renfermoit autrefois les lépreux.

Bourdes. (les) — Les Bordes de

Valliere ; cenfe & ferme appartenante à l'Hôpital St. Nicolas.

BOURNEY. — Borny, village du Pays-meffin, à la droite de la route de Metz à Sarrelouis.

BOUTTAIR *hors de terre*. (fe) — Sortir de terre, croître, poufler.

BOUTTÉES. — Piles d'un pont, & autres maffifs de maçonnerie dans une riviere.

BOUTTEMENT. — Sollicitation.

BOUTER. (fe) — Se mettre, s'introduire, fe placer.

BOUXEY. — Buchy, village du Pays-meffin, près de la route de Strasbourg.

BRADY. — Bradin, cenfe & ferme au Sablon.

BRAIXELETTES. (jofnes) — Jeunes filles.

BRANDONS. — Le premier Dimanche de Carême.

BRAQUENADES. — Cerifes aigres,

actuellement en Meſſin, *Breuquenaudes*.

BRAYES. — Culotte.

BRECIER. — Bleſſer.

BRIESIEEZ. — Briſée. *Treuwe brieſieez.* Trêve rompue, briſée.

BRIFVETEY. — Briéveté.

BRIXIER. — Briſer.

BRONXOWICH. — Brunſwick. *Li Duc de Bronxowich vint en Mes le XII jour du mois de Février 1431.* Le Duc de Brunſwick vint à Metz le douziéme jour de Février 1431.

BROWETTE. — Tombereau, ou eſpéce de charette pour conduire les criminels au ſupplice.

BRUES *de trippes*. — Eau de trippes.

BUÉE. — Leſſive.

BUGE. — Cuvelle dans laquelle on voiture le raiſin de la vigne dans la cuve. Cette cuvelle doit contenir onze hottes de vin.

BULETTE. (maison de la) — Maison où la Ville percevoit les droits de sceau, qu'elle faisoit appofer aux contrats de vente d'immeubles.

BULTINÉ. (argent) — Argent pris en guerre & partagé.

BULTINER. — Faire butin, capture fur l'ennemi. Il signifie aussi partager le butin.

BURES. *Voyez* Brandons. — Feux qu'on allumoit en ce jour.

BURLIZE. — Berlize, village du Pays-meffin.

BURRE. — Beurre.

C

C

ÇA-SUS. — Ici. *Meffire l'Evêque eft ça-fus.* Mr. l'Evêque eft ici.

CACQ-TRIPPES. — Chauffe-trapes, qui fe mettent dans un gué de riviere, pour en empêcher le paffage à la Cavalerie.

CAILLES. — Ardoifes, on dit écailles en plufieurs endroits.

CAISTRE. (Comte de) — Comté de Caftres.

CARELLE. — Querelle.

CAUSY. — Prefque.

CAUVES. — Caves.

CE. — Si.

CELAI. — Cette. *Et dès celai fefte Saint Benoît an jufcai laftre fefte Saint Benoît après enexewant.* Depuis cette fête jufqu'à la fuivante, *Cartulaire de Metz en 1300.*

CELLAY. — Celui-là.

CEALZ. — Ceux. *Cilz*, a la même signification.

CELLE. (eftre à la) — Siéger en Jugement.

CENSAL. (en) — Revenus que l'on a en cens.

CEPTE. — Secte.

CESSE. (le) — L'interdit, ceffation de l'Office divin.

CHACEULX. — Châteaux.

CHACQEU. — Preffoir.

CHAILLOIR. (fut mis à non) — Fut méprifé, abandonné.

CHAINOINERIE. — Collégiale de Chanoines.

CHAIRECAN. — Carcan.

CHAIRES. (nouvelles) — Formes ou Stalles d'Eglife, nouvellement faites.

CHAIRPAIGNE. — Ouvrage de Vannier.

CHAIRIER. — Châron.

CHAIRTON, *Chereton*. — Charetier, conducteur de voiture.

CHAIRTRE. (en) —— En prison.

CHAISSE. —— Poursuite.

CHAITEILLANT. —— Petit Château, un Châtel.

CHAISTRE. (Comte de) —— Comte de Castre en Alsace.

CHAMBRIES. —— Latis sur le mur d'un jardin, pour y attacher la vigne.

CHAMENAT, ou *Chominat.*—— Village du Pays-messin.

CHAMP-A-PANNE. —— Champ-papol, *Campus papoli.* Terrein élevé, situé derriere la Citadelle, en sortant de la Ville par la porte de Saint-Thiébault.

CHAMP-A-SEILLE. —— Vaste & grande place ancienne, près de la riviere de Seille.

CHANDELIER *de cire.* —— Marchand cirier.

CHANGE. (la place en) —— Place actuelle de Saint-Louis, ainsi nommée depuis l'an 1707, qu'on plaça une

D ij

statue de Saint Louis sur la fontaine.

CHANONERIE. — Canonicat.

CHANONE. — Chanoine.

CHAPPERON. (par dessus le) — En tapinois, en secret.

CHAPPIAUX. (hauts) — Chapeaux anciens qui étoient pointus & élevés avec des bords étroits ; on les ornoit d'une plume attachée à côté de la forme.

CHAPTELS. (les) — Les pressoirs.

CHAR. (la) — Viande.

CHARIER. — Chartier.

CHARIES. (rue des) — Rue des Charons.

CHARTRE. — Prison.

CHARTREUX. — On appelloit ainsi les Bernardins de l'Abbaye de Notre-Dame de Pontiffroy à Metz.

CHASTEL. — Château.

CHASTELZ. — Châtel sous Saint-Germain, village, terre de l'Evêché, l'une des quatre Mairies du Val de Metz.

CHASTOIER. — Châtier, punir.

CHATRONS. — Moutons.

CHAUFFAUDER. — Echaffauder un criminel, le conduire sur un échafaut pour le supplicier.

CHAUFOLDÉ. — Mis sur un échafaut.

CHAVIN. (trou de) — Canton de vignes à la côte St. Quentin, un peu en deça de Longeville, actuellement nommé *Chauvin*.

CHAULEINE. — Chaux à bâtir.

CHAUQUEUR. — Pressureur.

CHAVOULX. — Cheveux.

CHAUSSINE. — Chaux à bâtir.

CHEOIR. — Tomber, diminuer.

CHER. — Char, chariot.

CHERCHIER. (de la Cathédrale) — Dignitaire de la Cathédrale, nommé en Latin, *Circator*, chargé de veiller au bon ordre dans les lieux réguliers. *Voyez* l'histoire de Metz.

CHESCAN. — Chaque année, tous les ans.

CHESCUNAN. — *Idem.*

CHESEURS. — Choisis, élus.

CHESOUR. (duquel) — *Chesours de chesour paraige*. Choisis du paraige dont ils sont.

CHESSIER. — Contraindre, poursuivre en Justice.

CHESSON. — Un petit chat.

CHEVALCHAIRE. — Aller à cheval.

CHEVALIER. — On appelloit Chevalier d'un lieu de piété, ceux qui en avoient fait le pélerinage.

CHEVANCES. — Biens, possession.

CHEVAULCHÉE. — Voyage que l'on fait à cheval, le soir ou le matin, sans débrider.

CHEVELAINT. — Commandant de Troupes.

CHIEF. (le) — La tête.

CHIELLE. (mettre sur la) — Sur une espéce de pilori, ou carcan.

C c

CHIESSE-DEU. (la) — L'Eglise où Dieu siége, où il est adoré.

CHOLLATZ. — Pain mollet blanc.

CHOQUELLE. — Canaille.

CIEL. — Dais d'Eglise ou autre.

CIL. — Celui, ou ce. *Et feroit cil Maiftre Efcheving*. Et celui-ci sera Maître Echevin.

CLAIE VOIE DE PIERRES — Garde-fou en pierres de taille, à jour, sur une Gallerie.

CLAMANT. — Demandeur dans un procès.

CLAMER. (quelqu'un) — L'accuser en Justice, le poursuivre.

CLAMER. — Sonner, réclamer avec bruit un droit ou une possession. Il étoit défendu de le faire sur les degrés, sous peine de cent livres d'amende.

CLERC. — Greffier d'une Jurisdiction.

CLERSON. — Un jeune clerc.

CLOISON. (dans la) — Dans l'enceinte.

CLOITRE. (four de) — Rue, qui dans sa partie supérieure aboutit à celle de Taison, & en descendant, à l'entrée de la rue du Vivier.

CLOS. — Clous.

CLOUCTEUR. — Cloutier.

COENENS ou *Connin*. — Lapin. *Poil de cunin*. De lapin.

COES. — Tranquille. *On les tanroit coes sans plait*. On leur donneroit sûreté ; on les laisseroit tranquilles, sans faire contr'eux aucune procédure.

COGNAT. — A reconnu. *Je Henry Cuen de Bar, fas savoir à toz, que Missire Thieris de Morville cognat*, &c. 1235. Je Henry, Comte de Bar, fais savoir à tous que Messire Thiery de Morville a reconnu, *&c*.

COISIN. — Cousin, parent.

COLARS. — Nicolas.

COLLEVRINIERS. — Artilleurs, indépendamment de leur paye, ils avoient une robe de livrée.

COLLOIGNE.

COLLOIGNE.— Cologne, ville Electorale.

COLLORIQUZ.— Violent, emporté.

COMBIEN QUE.— Encore que.

COMMOUFLE. (la tour)— Grosse tour ronde, située près de la porte de Scarponne.

COMPAIGNON.— Confrere entre Officiers de Justice.

COMPAS. (finq)— Cinq, ronds de différentes grandeurs, formés l'un dans l'autre, à distance égale, & tracés dans un but appellé *Cuviaux*. Voyez *Cuviaux*.

CON.— Qu'on.

CONDUIT.— Boutique, magasin, lieu où chaque maître travaille, où il a ses outils & ses vendoires.

CONDUIT.— Route ou chemin, droit de péage.

CONDUIT.— Acte de Justice, terme de pratique, qui signifie la possession que le rentier ou créancier étoit obligé de prendre, par autorité de Justice, de l'héritage déguerpi par *exurement*, contre son débiteur.

CONFANNON. — Banniere d'Eglise.

CONKES. — Que jamais ne. *Femme conkes navit eu maris.* Femme qui jamais n'avoit eu de maris.

CONRÉ. (cuir) — Cuir tanné.

CONSEILLER. — Examiner, décider, juger un procès.

CONSIAUS. — Cohabitans. *Et si consiaus de la Citeit de Mes.* Et les cohabitans de la Cité de Metz.

CONSOIL. — Conseil.

CONSTRANCES. — Contraintes. *Par pour & par constrances.* Par peur & par contraintes.

CONTROVERSIONS. — Disputes, démêlés.

CONVENABLE. (personne) — Personne notable de la Cité, digne d'y remplir la place pour laquelle on le choisit.

COPS. — Pouvoirs, droits. *Et a donc 1429 faillont les escuelles de poixons* on debvoit au prixier & aux Abbés qui ont les cops de faire le Maître Eschevin. Voyez *notre histoire de Metz.* Qui ont le droit de choisir le Maître-Echevin.

COPT. (cy a). — Si diligemment.

CORAYE D'ARGENT. — Ceinture d'argent formée par des chaînes ou tresses larges & plates, avec agraffes, à laquelle étoient attachées de part & d'autre de moindres chaînes d'où pendoient des ciseaux, un clavier, & une poche en forme de gibeciere, qu'on portoit sur le ventre. Cette ceinture a été depuis appellée, *Jaseron* ou *Jaseran.*

CORDELLE. (à sa) — A sa discrétion, à sa disposition.

CORPEIL. (en) — En faute. *Et celui cui on trouveront en corpeil.* Et celui qu'on trouvera en faute.

CORRE. (avoir) — Avoir cours.

CORRIER. — Conroyeur, tanneur.

CORREIGNE. — Couronne.

CORVISIER. — Cordonnier.

Corvixier. — Cordier, faiseur de cordes.

Coste luy. (de) — A côté de lui, à portée de lui.

Costenges. — Coutanges, dépenses. *Se faisoient nulles costenges.* S'ils venoient à faire quelques dépenses.

Coutumierement. — Ordinairement.

Cougnoitre son cas. — Convenir du fait, avouer son crime.

Couple. — Coupe.

Cource. (ils) — Ainsi soit-il.

Courcier. — Cheval.

Cour-d'armes. — Maison au haut de Sainte-Croix, où est placé le couvent de la Trinité.

Coureurs de draps. — Fouleurs.

Courir-sus. — Attaquer, faire la guerre.

Couroyes. — Rubans, bracelets, pour parer les Dames.

Courpeir. — Charger, inculper.

COURROGNE. — Couronne.

COURTAULX. — Canons fort courts.

COURTIS. — Jardins. *Saint-Martin in curtis, Paroisse de Metz.* Saint-Martin aux jardins, ainsi nommée parce qu'elle fut bâtie dans des Jardins.

COUSSIER, *Coussieres*. — Couseurs, couseuses.

COUSTIERS. (les) — Les côtes.

COUTS. — Coutanges. *A mes couts.* A mes frais & dépens.

COUVERTE. (en) — En secret. *Etre armé à la couverte.* C'est être armé de mailles, sous l'habit.

COUVERTEMENT. (se tenir) — Se tenir caché.

COVELANCE. — Coblentz, ville d'Empire.

COWE. — Cuve. *Et coustoit un tonnet tenant une cowe, douze solz de Mes, en 1424.* Et coutoit un tonneau tenant une cuve, douze sols messins.

COWE DE RAYT. — Queue de rat.

COWE DE VIN. — Queue de vin.

COWRE. — Cuivre. *Ung tuppin de cowre en la tête.* Un vase, une terrine de cuivre sur la tête.

COYEMENT. — En secret.

CRACOWE. — Cracovie, ville capitale de Pologne.

CRAITIR. — Sécher sur pied.

CRANT. — Acte qu'un amant faisoit pour remboursement ou payement d'une dette ; un reçu.

CRANT. — Consentement, engagement, obligation pour une somme que l'on doit.

CRANTER. — Promettre, certifier, s'obliger par instrument en main de Notaire public.

CRÉANCE. (à) — A crédit.

CRÉATURES. (aux) — Aux hommes.

CRÉAUBLE. — Croiable, digne de foi.

CREDICTE. (être en) — Etre en crédit, en considération.

CREDITOUR. —— Créancier.

CRIS. (donner *cris* de guerre) —— C'eſt ce qu'on appelle aujourd'hui donner l'ordre, le mot à une armée ou à une garniſon.

CRISTODE. —— Boîte.

CROIX. (les grands) —— Proceſſions des trois jours des Rogations.

CROIX-AUX-LOUVES. *Voyez* Quinquaralle.

CROLLEMENT. —— Tremblement de terre.

CROLLEMENT DE TERRE. —— Eboulement, chûte, de terre.

CROUVÉE. —— Corvée, travail ſans rétribution.

CROVIXIERS. —— Cordier. *En cordowant.* En faiſant de la corde, en cordillant.

CROYEMENT. —— Probablement, comme il eſt à croire.

CROYÉ. —— Eſpéce de craie qui ſe trouve ſur les raiſins & ſur les prunes, lorſque les fruits ſont en maturité, ſur-tout le matin.

CRUQUEGNON. —Vaisseau de terre ou de grès, dans lequel on dépose du vin, de l'huile, &c.

CUER. — Cœur.

CUENS ou *Coin*. — Comte.

CUEUR. — Chœur d'une Eglise.

CUEVIAULX. — Cuvier.

CUI. — Quelquefois, il est mis simplement pour *qui*; d'autres fois, pour *à qui*, *duquel*, *à celui qui*.

CUIDER. — Croire, se persuader, s'imaginer.

CURE. — Envie, soin.

CURTIS. — *Voyez* Courtis.

CUSANSON. (à grand) — Avec beaucoup de sens, de dextérité & d'adresse : *Cum sensu solerti. Vigilanti solertiâ*. Chartre de l'an 1179.

CUVIAUX. — But dans lequel on tiroit à l'arquebuse.

D

D

Daigue. — Epée courte & tranchante.

Damaiges. — Dommages, dégâts : du Latin, *damnum*, *damna* au pluriel. On trouve aussi *Dampmaiges*.

Dame Collette. (porte) — Fausse porte de la ville, au-dessous de la Porte des Allemands; elle étoit selon les apparences, au bout de la rue que nous appellons derriere Saint Euchaire.

Dame mere. (sa) — Belle-mere.

Damp. — Dom.

Dariennes. — Dernieres. *Dariennes volonteis*. Dernieres volontés. On lit aussi, *d'airienment*, pour derniérement.

Daventaige. (&) — Et de plus.

De leis & de lez. (li) — Auprès de lui.

Débattre un démonnement. — Examiner & juger un procès.

F

DÉCONFITURE. (grand) — Grande perte de soldats dans une bataille.

DEFAULTÉ. — Relâchement, manquement d'ordre.

DEFFALT. (li) — Le défaut de payement, le manquement.

DEFFINIR. — Ordonner.

DEIX. — Dez. *Juveir à trois deix.* Tirer au sort avec trois dez.

DEJETTER. — Ecarter, éloigner.

DEMŒNES. — Domaines.

DEMONNEMENT. — Procès, difficulté.

DEMORSET. (qui) — Celui qui demeure ici. *Ne demorrait*, ou qui y demeurera.

DEMOURANCE. — Demeure, habitation.

DENIERS DES TESTES. — Capitation imposée pour la guerre.

DÉPOURTER. (se) — Se dispenser.

DÉPRISER. — Mépriser.

DÉPROURE. — Députer.

DERECHIEF. — Derechef, de nouveau.

DÉROUTTE. — De suite.

DES-A-TOUJOURS MAIX. — Dès maintenant, à toujours.

DESAROY. — Destruction.

DESBARETTEEZ. (maison) — Maison en très-mauvais état.

DESCONFIRE. — Remporter victoire, défaire en plein les ennemis.

DESCONFORTER. — Attrister.

DESCORS. — Débats, procès, difficultés.

DESCOURPEIR. (se) — Se déguiser.

DESCOURPEIR. (se) — Se décharger, se disculper.

DES DONS EN AVANT. — Dorénavant.

DESGUISERIE. — Mascarade.

DESERVIR LE PANDRE. — Mériter la corde.

DESGRAUDER. — Dégrader.

Deshaitiez. — Malade, à l'agonie, prêt à mourir.

Despaicher le lieu. — Faire déloger & partir.

Despairguer. — Partir.

Despandus. (avoient) — Avoient dépensés.

Despartir. (se) — Se séparer, se partager.

Despartir. (au) — Au départ.

Desrayer. — Arracher.

Dessentir. — Pressentir.

Dessirier. — Déchirer.

Destantost. — Aussi-tôt.

Destourbier. — Changer l'ordre d'une affaire, la déranger.

Destre. — Dextre, adroit.

Destriance. — Opposition. *Sens destriance*. Sans appel, sans difficulté.

Destrier exurement. — Décrier, s'opposer à la sûreté ou sauve-garde que les Sept de la guerre auroient mal-à-propos accordée à quelqu'un.

DESTROIT. — District. *Destrait* est la même chose.

DESTROUSSER. — Piller, enlever les effets.

DESVAILLER. — Tomber, couler.

DESVIAIR, ou *desvier du monde*. — Mourir.

DEU. — Dieu.

DESZAROIS. — Dégât.

DEVISE. (faire sa) — Faire son testament.

DEVISER. — Converser avec quelqu'un.

DEVISER. — Stipuler, convenir par écrit.

DEZOUR, ou *desour dit*. — Ci-dessus dit, dénommé plus haut. *Comme il est ci desour devizeit*. Selon qu'il est marqué ci-devant dans l'acte.

DICTIER. — Piéce de vers, Satyre.

DILACION, ou *dilation*. — Délai, retard.

DILATER. — Retarder, différer.

DISSUT, DISSUTE. — Déchu, trompée, embarraffée.

DOLLEQUIN. — Petite épée.

DOMAJOUR. — Dommageable.

DONDONNE. (une) — Une donzelle, une fille de rien, une coureufe.

DOR EN AVANT, A NULS JOURS MAIS. — Jamais, dans la fuite, ou à l'avenir. *De ci en avant, dès doncques en avant*, fignifient la même chofe.

DOYENS. Titre d'Office à Metz. Les trois Maires de la Cité élifoient tous les ans chacun leur *Doyen*. L'on voit dans un Atour, que les Maires les chargeoient *de fonner de cors*, apparemment de citer publiquement, ceux qui ne comparoiffoient pas devant eux, lorfqu'ils y étoient appellés. *Voyez* notre hiftoire de Metz.

DOYENS DE METZ. (les) — Les Lieutenans des Maires, les Lieutenans criminels de la Cité, lorfqu'elle étoit

République. *Voyez* notre histoire de Metz.

DRAPPELAIGES. — Linges de lessive, menus linges.

DRUS. — Gras, dodus.

DUEIL. — Chagrin.

DUEUSE. (l'étang de) — L'étang de Lindre proche Dieuse.

DUS. — Duc.

E

EAIGE. — Aye.

EAULS. — Eux. *Un des eauls.* Un d'entr'eux, l'un d'eux.

ECCLESIASTE. — Ecclesiastique. Par le juge ordinaire, Ecclesiaste ou Séculier.

EFFICAISSE. (petite) — Peu capable.

EFFROY. — Emeute, alerte.

EGUEILLE. — Pillots ou pieux dresfés, ordinairement armés d'une pointe de fer, pour être fichés en terre, pour asseoir solidement un bâtiment dans un emplacement marécageux, ou dans une riviere.

EMBASSAUDE. — Ambassade.

EMBATONNÉ. — Armé d'une arquebuse, ou autres armes à feu.

EMBUCHIER. — Tendre des embuches, se mettre en embuscade.

EMPERIX. — Impératrice.

EMPIQUER. — Empâler.

EMPOINT. (bien) — Bien armé, & en bonne contenance.

EMPRIME. — Seulement.

EMPRINDRE. — Allumer.

EMPROUR. — Empereur.

ENCHAIRCELLER. — Enchasser Reliques ou autres choses.

ENCLOIR. (s') — S'enfermer.

ENCONTRE LUY. — Au devant de lui.

ENCOMBRER. — Il se dit aussi d'une maison

maison hypothéquée. L'encombrer, c'est l'hypothéquer. La décombrer, c'est en lever l'hypothéque.

ENCORPEIR. — Appréhender au corps, mettre en prison. Il signifie encore charger quelqu'un de quelque chose.

ENDOUVART. — Edouard.

ENFERGIES. — Mis aux fers.

ENFERMER EN LYAUE. — Affermir dans l'eau, consolider.

ENFIABLETÉ. (par) — Par badinerie, par familiarité.

ENFONDURE. — Dégradation, éboulement, destruction.

ENFORCER une Ville. — La fortifier.

ENGEVIGNES. — Engevidnes, petite piéce de monnoye de bas alloi. *Voyez* l'histoire de Metz.

ENGING. *sans mal engin.* — Sans supercherie, sans dol.

ENQUSTE. — En question. *Et fut mis le fait enquste.* Et fut mis le fait en question.

G

ENHERBÉ. (être) — Etre empoisonné.

ENHAINER. — Ensemencer.

ENJALLÉS. — Gellés. *Et furent en celle annei les raixins enjallés as sappes.* Les raisins furent gélés aux ceps.

ENJUSKAI. — Depuis tel endroit, jusques-là.

ENLOYDER. — Faire des éclairs. *Il enloyda.* Il fit des éclairs.

ENMOUDRE. — Eguiser un taillement.

ENNORTER. — Exhorter.

ENSEIGNE. (outre l') — Rue du Porte-enseigne, au delà de la maison où pour enseigne il y avoit autrefois un Porte-enseigne, actuellement la petite Croix d'or.

ENSEMBLE. (mettre le conseil) — Assembler le Conseil.

ENSERCHIER. — S'informer.

ENSOYS. — Aussitôt.

ENSUIR. — Ensuivre.

ENSUS DE LEURS MARIS. (femmes)

Femmes séparées de leurs maris, qui se retirent de leurs maris par libertinage.

ENTENTER. — Intenter.

ENVERCELLÉ EN ARGENT. — Mis dans une Chasse ou Reliquaire d'argent.

EPIDIMIE. — Epidémie.

EPRINÇON. — Maladie contagieuse & populaire.

ERCEDEKNE. — Archidiacre.

ERRIER, ou *Erriere*. — Encore, petit, & un peu en arriere.

ESBAITEMENT, ou *Esbas*. — Jeux d'exercice, amusement.

ESCAILLIER. (le maître) — Le maître couvreur de maison en écailles, en ardoise.

ESCAME. — Prie-Dieu pour s'agénouiller à l'Eglise.

ESCHAIRGETTE. — Patrouille, ronde sur les murs de la ville.

ESCHE. (d') — Maison fort noble de la ville de Metz ; elle portoit de gueule, à deux faces d'argent : la premiere chargée de trois, la seconde de deux tourteaux de fable.

ESCHAIDER. — Pendre.

ESCHELLER. — Escalader, entrer avec des échelles.

ESCHUIR. — Eviter. *Se vous volles eschuir notre indignation royale.* Si vous défirez ne pas encourir notre indignation, *&c.*

ESCLANDRE. — Infulte.

ESCOLITRE. — Ecolâtre de la Cathédrale.

ESCORCHOURS. — Ecorcheurs, foldats débandés, qui ravagerent ce pays, vers 1444.

ESCOUDIRE. — Ecouter, entendre, ouir.

ESCOUSSÉ. (lit) — Lit garni.

ESCUEILLES DE POISSON. — Petit réfervoir à conferver le poiffon dans l'eau; baquet rempli d'eau pour la même fin.

ESCUEZ *à jouer à la palme.* — Balles

de jeu de paume, ou balles pour jouer à la longue paume.

ESCUSER. — Accuser.

ESISTANT. — Demeurant en un lieu.

ESLAVEY. — Orage de pluye.

ESMOULER. — Eguiser.

ESMUTATION. — Emeute, alarme, dissention.

ESPAISSE. (en brief) — En peu de temps.

ESPANDRE LE SCEL. — Attacher le scel à un écrit, le sceller.

ESPIE. — Espion.

ESSOIR. — Placer, poser.

ESSINER. — Assigner, convenir.

ESUER. — Sécher.

ESTAICHE. — Poteau auquel on attache quelque chose.

ESTAICHIER. — Attacher, lier.

ESTAIES. — Termes, saisons. *Les quatres Estaies.* Les quatre saisons.

Le trésorier doit lui payer lesdits 20. l. azdits quatres estaies, scavoir à la St. Noël 100 s. à Pasque 100 s. à la Saint Jean 100 s. & à la Saint Remi 100. s. Le trésorier doit lui payer les vingt livres dont s'agit, en quatre termes, savoir, &c.

ESTAINCHIER. — Mettre opposition, empêchement.

ESTANCHIER. — Retrancher.

ESTAULT. (un) — Une boutique, ou place à vendre & à étaler des marchandises quelconques.

ESTEINES, ESTENNE. (Saint) — Saint Etienne.

ESTIENNES-AUX-OYES. (Saint) — Fête de l'Invention de Saint Etienne, le 3 Août. *Voyez* notre histoire de Metz, sur la singularité qui se passoit en ce jour à la Cathédrale.

ESTOC SUR LA TÊTE. — Bonnet rond, à bord relevé.

ESTOIDE. — Eclair qui précéde le coup de tonnerre.

E e

ESTOUFFE. — Etoffe.

ESTRAIE, ou *Estraille*. — Feutre, Paille, chaume à couvrir les toits.

ESTRAINDRE. — Serrer, lier fortement.

ESTRAINE. (de l') — De la paille, aujourd'hui, on dit du *Strein* en patois.

ESTRAINGE. — Etranger. *Se aulcun estrainge meffexoit.* Si aucun étranger venoit à mal faire.

ESWARDOURS. (les) — Les gardes commis pour veiller à la sûreté de la ville de Metz ; il signifie aussi les gardes de la Justice, ce qu'étoient primitivement les Prud'hommes.

ETEINT. — Ainsi. *Qui ne feit éteint comme que ci-dessous est devisé.* 1304. Qui ne fut de la maniere stipulée ci-après.

EF. — Œuf.

EWRE. (tenir en) — Faire travailler.

EXUELE. — Bout, extrêmité.

EXUREMENT. — Relévement, droit de rentrer en poffeffion de quelque bien, & d'en expulfer celui qui le tient.

EXURIER. — Affurer, protéger, foutenir, faire déguerpir. *Exurier arreis droits*. Affurer fes anciens droits. Il fignifie auffi, donner des fûretés pour la fuite, à ceux dont on a pris ou enlevé quelque chofe ; donner des gages à cet effet.

F

Faiey ou *Fayt*. — Féy, village du Pays-meſſin, près d'Augny.

Faindre. — Feindre, diſſimuler.

Fairdiaulx. — Fardeaux, pacquets, ballots.

Fairse. — Farce, bouffonnerie.

Faissins. — Fagots, bois à brûler.

Faixins. (des) — Eſpéce de fagots, mais de bois plus menu que les fagots ordinaires. A Metz on appelle *Fratins*, les fagots de morceaux de vieux échalats.

Faixin. (grand) — Gué dans la Moſelle, au-deſſous de la Ville.

Fauble. — Fable.

Faultey. — Feudataire.

Feist. — Fit. *Et cil avenoit que Deu feiſt ſon commandement ſi com de mort dou Maiſtre Eſchaving.* S'il arrivoit que Dieu diſposât du Maître Eche-

H

vin, en le retirant de ce monde. *Cart.* 1300.

FENAUL. (mois de) — Le mois de Juillet.

FENOMIE. — Phifionomie.

FÉRIR. — Frapper, bleffer.

FERMETÉ d'une Ville. — Paliffades, ou autres foibles clôtures d'une ville; quelquefois on entend les murs, ou un ouvrage avancé au-devant d'une porte.

FERMETEIT de Metz. — L'enceinte de la Ville. Aucun boucher ne doit remettre *Xeu & fain* (fuif & faindoux) *dedans la fermeteit de la Cité & des Bords*, c'eft-à-dire, des Bourgs ou Fauxbourgs.

FERMILLET. — Ornement qui pendoit au col, au-deffous du Collet.

FEVRES. — Maréchaux férans.

FEVRURES. — Tous ouvrages en fer.

FEUX-BOUTTES. — Incendies.

FIEDZ, FIEZ. — Fiefs.

FIÉVEIS. (pour) — Pour laiſſer en fief, pour faire fief.

FIENSIS. — Propriétaire de fief.

FIERRER. — Frapper, du mot Latin, *Ferire. S'aucuns hommes fiert autre.* Si un homme en frappe un autre.

FIERTE. — Eſpéce de brancard qui ſert à porter à deux, ſur les épaules, une chaſſe de Reliques ; quelquefois, cé mot ſignifie la chaſſe même.

FILLAITRES. — Belles-filles, filles d'un premier mari. *Filles d'un altre, d'un autre. Filiæ alterius.* 1314.

FINAIR. (ne) — Ne ceſſer.

FINER. — Trouver.

FINS. — Finages, contrées de vignes ou de bled.

FLAGIEULLE. — Le goſillon, le larinx, la glotte de la gorge.

FLEWE. — Foible. *Ne le fort, ni le flewe.* Ni le fort ni le foible.

FLOUR de la Monnoye. — Coin

H ij

pour frapper la monnoye, empreinte d'icelle.

FŒRIE. — Affluence de gens, comme à une foire.

FORCE. — Torts, dégâts. *Et lour doit-on dire les forces ke cil auroit fait.* Les forfaits auxquels celui-là s'eſt livré.

FORCE. (fait) — Fait violence. *Faire force.* Mettre empêchement, ou s'emparer de quelque choſe avec violence.

FORCE. (ſigner) — Donner main-forte.

FORCELLER. — Frauder, détourner, cacher en fraude.

FORINGIER. — Mettre hors de la garde & protection de la Cité. Réduire à l'état d'un forain, d'un étranger; on peut auſſi l'entendre d'un banniſſement.

FORINGIÉS. — Chaſſés de la ville & du pays.

FORJUGEMENT. — Sentence contre celui qui étoit banni, atteſtation comme quoi il l'étoit. Quelquefois l'exilé ou le banni étoit obligé de prendre des lettres de *forjugement* avant de se rendre à son ban, avant de vuider la ville.

FORJUGER ou *Fourjuger*. — Juger un criminel par contumace. *Item*, condamner quelqu'un au bannissement.

FORMANT. — Beaucoup. *adv.*

FORMARIAGES. — Mariages illicitement contractés au dehors, par les sujets d'un Seigneur, avec des filles étrangeres, c'est-à-dire d'une autre Seigneurie. L'Abbaye de Saint Arnould en particulier jouissoit de ce droit, qu'aucun homme de ses Terres ne pouvoit prendre femme hors du domaine de cette Eglise. *Chartre de l'Evêque Conrad, en 1216.*

FORQUISE. — Chose injuste.

FORSQUE. — Excepté tel ou telle.

FORTS. (un) — Un double denier.

FOUCELLÉ. — Environné de fossés.

FOUILLIE de Maye. — Feuillée ou Salle de verdure, de branches d'arbres vertes.

Fourni. — Chambre-à-four.

Fourni-rue. — Rué des fours.

Foutraire. — Foudroyer.

Fouyr ou *Foyr*. — Fuir, fe fauver.

Foyr. — Fouir la terre, la labourer.

Frairies. — Conventicules. Affemblées défendues aux corps de métier.

Franchise. (en) — En afyle dans une Eglife.

Francon-rue. (rue de) — Rue depuis la Paroiffe Saint-Livier jufqu'à la porte de Pontiffroy, vulgairement appellée, *Rue du Pontiffroy*.

Fristorff. — Frifto, petit fief & Seigneurie, fur le terrein de laquelle a été bâti le Château de Frefcati.

Fristorff. — Frechtroff, Abbaye de Bernardins, près de Bouzonville.

Fuers. — Hors.

Fut. (qui *ou* que) — Défunt.

Fuxient mié. (ne) — Ne fuffent pas.

G

GAIGIER. — Saisir, prendre gager.

GAIGIER. — Gageure, argent ou gages qu'on a payé sur quelque contestation.

GAIGNAGE. — Ferme ou métairie de terres.

GAILLERIE. — Gallerie.

GAIR. — Garçon, jeune homme non marié.

GAIRDAN ou *Gairdain*. — Gardien. Gardiens des Portes de la ville. *Voyez* notre histoire de Metz.

GAIRSE. (josne) — Jeune fille.

GAIT. — Embuscade.

GAITES. (faire) — Monter la garde.

GALANS. (frixe ou friches) — Soldats valeureux. *La mirent ceulx de Metz, des frixes galans, qui tinrent bien de rire de Commercy le Sire.*

Ceux de Metz mirent en ce lieu (au Château d'Apremont) une troupe de braves soldats, qui tinrent en bride le Seigneur de Commercy, & l'empêcherent de rien entreprendre.

GAMBARDES. — Tours de soupplesse.

GARÇERION. — Jeune garçon.

GARCILLE. — Jeune fille.

GAYT. — Guet.

GECTER. — Jetter.

GEHEINGNER. — Mettre à la question. *Il fut tellement geheingné, qu'il ot tous ars les pieds, & ne volt oncques cognoître le fait.* Il fut si cruellement tourmenté, qu'on lui brûla tout-à-fait ses pieds ; malgré cela, jamais il ne voulut avouer son crime.

GEISER. — Gîter. *Ils geisent.* Ils sont, ils demeurent, ils sont placés.

GELINES. — Poules.

GENISY. — Jarnisy, pays aux environs du village de Jarny.

GENNETROY.

GENNETROY. — Ce canton est situé aux environs d'Olry, Jouy, &c.

GENS. (bonnes) — Gens de la campagne.

GEOIR. — Gîter, coucher. *Ils geirent illecque.* Ils couchèrent là.

GERGONNE. (Saint) — Saint Gorgon, paroisse aujourd'hui réunie à Saint Victor.

GESIR. — Séjourner.

GEXEIR D'ENFANS. — Être en couche.

GIULIQUE. (pays de) — Pays de Juliers. *Guliquois* ou *Culiquois*. Ceux de ce pays.

GLAIVES. — Soldats armés d'épées.

GLATEGNEY. — Glatigny, village de la plaine de Sainte-Barbe.

GLOSE. — Explication, interprétation.

GOULX. — Espéce de raisins, aujourd'hui appellés *Gauts*, proscrits des vignes du Pays-messin dès l'an 1338, & ensuite par Arrêt du Parlement.

GOURELZ. — Filets à pêcher.

Gourre. (la) — Mal de Naples.

Gouxe. — Gorze, petite ville ou bourg à quatre lieues de Metz.

Grainge. (lai) — La grange.

Grais temps. — Les jours gras.

Grand-Meisse. — Quartier de la Ville derriere le chœur de l'Eglise des PP. Carmes anciens, actuellement compris dans le retranchement de Guise.

Grange d'Ainel. (la) — La grange aux agneaux.

Granment. — Beaucoup.

Greffane. (noix) — Petite noix dans une coque fort dure.

Grieve. — Grave, tort, injustice.

Grises-dames. — Religieuses de Clairvaux, à Metz.

Groxetel. — Gros-yeux, terre du Pays-messin, près du village d'Augny.

Guaige. — Gage.

Gueilles. (jeux de) — Jeu de quilles.

H

Habergeoir. — Vivre, manger. *Qui habergeoient en leurs hoſtels.* Qui mangeoient chez eux.

Haberger. — Recevoir en ſa maiſon, heberger, nourrir.

Haquenée. — Jument.

Hahay. — Bruit, criailleries.

Haiche. — Hache.

Hain. (en) — Canton entre deux eaux, proche le village de Longeville.

Hainal. — Hainault, Province de Flandre.

Hairang. — Hareng, poiſſon ſalé.

Haiste. (de) — Tant on ſe hâte.

Haitiés. — Sain, bien portant, joyeux.

Halt. — Haut. *En halt ne en baix ou en beſche à nul jour maix*, c'eſt-à-dire : Qu'on ne fera une choſe dans aucune occafion, en quelque maniere ce puiſſe être, ni en haut ni en bas.

Halxaires ou *Haulxaires*. — Auxiliaires. *Soldats halxaires*. Troupes alliées.

Hanter. — Fréquenter.

Happer. — Arrêter, prendre quelqu'un.

Harangueurs. — Marchands de harengs.

Harneux. — Ornemens, uſtenſiles de maiſons.

Hativement. — Vîte, avec diligence.

Hauguenowe. — Haguenau, ville d'Alſace.

Hautte-pierre. (maiſon de la) — Cette maiſon étoit ſituée où eſt le Gouvernement actuel, & le Jardin public que nous appellons *de Boufflers*.

Haut-palais. — Le palais ſur la place d'armes, joignant la cour de l'Evêché.

HAYE. — Mouton, instrument dont on se sert pour ficher en terre les pieux ou pilots pour supporter un édifice dans les lieux marécageux.

HEAULME. (l'hôtel à) — Hôtellerie sous l'enseigne *du Heaulme*: la rue en avoit pris le nom.

HERITABLE. — Héréditaire.

HERNEIX. — Harnois.

HERS. *Voyez* Hors.

HETRIAULX. (le) — Le foye. On appelle encore aujourd'hui du mot *Hâtrez*, des morceaux de foye de porc, que l'on fait cuire sur le gril.

HEU. (de) — Maison très-ancienne de la ville de Metz. Elle portoit de gueule à la bande d'argent, chargée de trois coquilles de sable.

HEUXERER. — Sortir.

HIRPE. — Herse de labourage.

HIRPES. — Machine qu'on met dans un gué pour y prendre les ennemis.

HOCQUEBUTTE A CROCHET. — Arquebuse à croc.

Hœuvre. (avant toute) — Avant toutes choses.

Hoirs. (les) — Les héritiers.

Hons. (un) — Un homme. *Quant un hons est Maistre Eschevins. Quant un hons est Eschevin dans un paraige, il ne peut se traire*, &c. Il ne peut en sortir & se déclarer d'un autre paraige.

Hopital. (prébende de l') — Anciennement, au lieu de recevoir quelqu'un à l'Hôpital, on lui donnoit quelquefois une prébende journaliere en pain, vin, viande, &c. Il y avoit la haute & la petite Prébende, qui s'accordoient par lettres de concession.

Hore. — Heure. *Environ hore de Primes*. Vers l'heure de Prime.

Horions. (de bons) — De grands coups.

Hors ou *Hours*. (le bieaux) — Le bel enclos de planches. Quelquefois par *hors* ou *hers*, on entend un échaffaut, ou une estrade.

Hossit. — Ecurie.

Hosteis, hosteit ou *Bosteit.* — Hôtel. *En son Hosteit.* En son Hôtel, en sa maison. En certains endroits, on dit encore, *Hostez-vous*, pour dire, *chez vous.*

Hougne au Sablon. —— La horgne.

Hous. — Huchement. *Nuls hous ni ait, ne ban, ni Justice, ne destroit, se Messire l'Emperere non, ou ses commandens.* Personne n'y a ni huchement, ni ban, ni justice, ni district, sinon Monseigneur l'Empereur ou ses commandans.

Huchement. — Cri public à son de tambour.

Huchement. — Les nouveaux *Menans* ou *habitans* juroient d'être soumis aux Atours, Ordonnances & huchemens de la Cité.

Huchier sur la pierre. —— Citer un criminel contumace & en fuite à cri public sur la pierre. Avant l'excavation faite de la Place d'armes en 1755, La pierre destinée à ce sujet, étoit pla-

JEHAN. (Moutier de Saint Jean) — Eglise sous l'invocation de Saint Jean.

JEHAN AU NEUF MOUTIER. (Saint) — Ancienne Eglise paroissiale de la Cité, actuellement Paroisse de la Citadelle.

JEIXER. — Etre assis. Cela se dit d'un cens sur un héritage. *Ke jeist*, qui est assis.

JENNATE, JENATE. — Jeanne, Janette, nom de femme.

IERT. — Sera. *Ke plux iert convenable*. Qui sera le plus propre.

JEURER. — Gîter. *Et y jeuront deux nuits*. Et y coucherent deux nuits.

ILLEC. — Lui.

ILLECQUE. — Là, en ce lieu.

IMAGIER. (un) — Proprement un Sculpteur, quelquefois un Architecte, même un Ingénieur.

INCISTEILLER. — Insulter.

INNIMER. — Animer, exciter quelqu'un.

INSTITUCION. — Ordonnance, réglement.

INTUMACION. — Intimation.

JOSTE ou *Jotte*. — Joutte, combat à cheval d'homme à homme avec des lances. Bataille qui servoit d'amusement.

JOURNÉE. (tenir) — Assemblée pour se concilier, pour faire paix.

JOURNIER. — Travailler à la journée.

JOUSTE. — Choux.

JOYANT. — Géant.

JOYEUSE-GARDE. (maison de la) — C'étoit une grande maison située rue de paradis.

JSSIR. — Sortir, se retirer. *Issirent les bourgeois de Metz, & Wairion contre la Cité*. Les citoyens de Metz sortirent de la ville mécontens, & s'armerent contr'elle. *Voyez* Wairier.

JOUELS. — *Voyez* Juelz.

JUELZ. — Joyaux. *Enjoueleir femme*.

Donner les joyaux de mariage à une femme.

JUNC. — Mois de Juin.

JURATOR. — Livre des Saints Evangiles, sur lequel les habitans de Metz prêtoient serment.

JUS. (mettre) — Se démettre d'un Office. Si un Sept de la guerre étoit élu Maître-Echevin, il devoit mettre *Jus*, mettre bas l'office de Sept, & l'on en choisissoit un autre en sa place.

JUS. (mettre) — Abandonner. Si le sujet d'un Seigneur, ne veut répondre devant les Treize, lorsque du consentement de son Seigneur, il y est ajourné, le Seigneur doit le *mettre Jus*, & ne doit se mêler de lui.

JUS (mise) — Vieil habillement que l'on donne à quelqu'un.

K

K ANT. — Autant, tout. *Kant kil avoit.* Tout ce qu'il possédoit. *Année 1256.*

K E. — Que.

K I. — Qui.

K I L. — Qu'il.

K R A N T É. — Rendu, fatigué à l'excés.

K R A U L L Y, ou *Graully*. — Figure de dragon que l'on porte à Metz, aux processions de la Saint Marc & des Rogations. Le peuple, dit M. le Duchat, le nomme *Graully*, soit de l'Allemand *Greulich*, horrible, épouvantable, ou plutôt, par corruption, de *Gargouille*. Voyez *l'histoire de Metz*.

L

LABOURER. — Travailler, mettre ordre, remédier.

LA CHAULCIE. (l'étang de) — La Chauffée, village de Lorraine.

LAI. — La. *Lai chofe*. La chofe.

LAI DU CHAMPS. — Ladon-champs, Château à une lieue de la Ville, fur la route de Thionville.

LAIGNE. (du) — du bois, venant du mot Latin, *Lignum*.

LAIRIMET. — Ouverture dans le toit d'une maifon, pour aller fur la couverture.

LAICHER. (ne) — Ne ceffer.

LAISSER *dedans* ou *dehors*. — Laiffer entrer *ou* fortir, laiffer paffer.

LAIT. (dire) — Injurier quelqu'un, l'accabler de fotifes.

LAITRE ou *Laitry*. — Cour, place, veftibule, du Latin *Atrium*.

LAIVAITRE DIAUWE. (une) — Une lavasse, une grosse nuée, une grande pluie, qui lave bien la terre, & fait du tort aux vignes.

LANCES. — Cavaliers. *Cent lances.* Cent cavaliers équippés.

LANDEFRIDE. — Alliance.

LANSAIRE. (se) — Se jetter.

LARME. — Miel, gros miel.

LARRESCIN. — Larcin, vol.

LAUBELESTRIERS. — Les Arbalêtriers, qui portoient l'arbalêtre.

LAVEUVES. (Perses) — Fausses Perses, qui se déteignent.

LÉALLE. — Loyale.

LÉGAULT. — Légat du Pape. *N'en impétrerons nulles par devers nostre St. Pere lou Pape, ou Légault quelcunque.* Défense à tout citoyen de s'adresser en cette occasion pour avoir aucune dispense, soit au Pape, soit à ses Légats.

LENGAIGIER. — Parler sans réflexion.

LENNIERS. — Ouvriers en laine.

LESSEY. — Leſſy, village ſur le penchant de la côte Saint Quentin.

LEVOUÉ. (la rue) — Actuellement la rue des Clercs.

LEUS. — Lieu. *Un bai leus.* Un bel endroit.

LEUS. — Luth, inſtrument de muſique.

LIAN. — Lieu, endroit.

LIBRAIRIE. — Bibliothéque.

LIEGAL. — Légat, Envoyé du Pape.

LIEVRE. (place au) — Très-petite place dans la rue des Allemands, derriere le clocher des Minimes.

LIEZ. (bien) Bien réjouis.

LIGURGE DE NATION. — Originaire de Ligurgie, c'eſt l'état de la République de Gênes.

LINAIGES. (les ſix) — Les ſix paraiges, comme on le voit dans un Atour.

LINCIEULX. — Draps de lit.

Lisons. — Leçons. *Et chanta l'Empereur la VII Lisons de Matines, l'épée en poingne & la treiste fuers toute nue.* Et l'Empereur chanta la septième Leçon de Matines, l'épée à la main, & la tête découverte.

Loherregne, ou *Loherenne.* — Lorraine.

Loignes. — Bois.

Loing. (au) — Le long de, à côté de.

Loir. — Etre permis, être loisible. *Il ne loira mie.* Il ne sera pas permis.

Lombards. (maison des) — Cette maison étoit un Mont de piété sous la direction de la Cité, on y prêtoit de l'argent sous un intérêt modique, pour un temps fixe sur gage, comme cela se fait à Bruxelles & ailleurs. Il n'y a pas longtemps que le Lombard de Nancy étoit fameux ; s'il y en avoit un à Metz, les Juifs n'y feroient pas tant d'affaires, & le commerce seroit plus florissant.

Longes. (des) — Des Loges.

L'OQUOISON. (pour) — A l'occasion.

Los. — Approbation, ensaisinnement d'héritage par le Consistoire.

LOVENEY. — Louvigny, village du Pays-messin, sur la riviere de Seille.

LOUGE. — Barraque de planches dans un jardin.

LOUQUER. — Regarder avec indignation ou admiration.

LOWI. — Louis.

LOYS. (Saint) — Chapelle sous l'Invocation de Saint Louis, qui étoit située hors de la Porte Saint-Thiébault.

LUCURE (la) — La Fabrique d'une Eglise.

LUER. — Louer, engager un domestique ou un journalier.

LUIS. — *Voyez* Huis.

LUPAUT. — Un petit loup. *Qu'ils ne faxent mi mettre lupaut en en lievre, ou en chévraux.* Que les rotisseurs ne s'avisent pas de donner des petits

loups pour des liévres ou des che-
vraux.

LUTHERIE. — Héréfie de Luther.

LUYTTER. (fe) — Se lutter corps à corps par divertiffement.

M

MAHEUS. — Mathieu.

MAJESTER. — Magifter, Chantre d'Eglife de Campagne, maître d'école.

MAIEY. — Méy, village du Pays-meffin, dans la plaine de Sainte Barbe.

MAINBOURG. — Tuteur, receveur, exécuteur teftamentaire.

MAINBURNIE. — Tutelle, recette, exécution teftamentaire.

MAIOURS. — Maires. La Cité de Metz étoit divifée en trois Mairies. *Voyez* notre hiftoire de Metz.

MAIQUE. — Sinon. *Maique de celui.*

Sinon de celui. Il signifie aussi *ne*, *plus*, *que*, servant de *que* adverbe après une négation.

MAIRCHAMPT. — Marchand.

MAIRLIER D'EGLISE. — Marguillier, sacristain, chantre de Paroisse.

MAIRQZ. (Saint — Saint Marc.

MAIRS. (en) — Au mois de Mars.

MAIS QU'IL. — Comme s'il.

MAISON DE LA VILLE. — On nommoit ainsi la prison qui étoit au Palais.

MAIWE. — Un oiseau de proye, un Milan.

MALENGIN. — Mauvaise foi. *Sans malengin*. De bonne foi.

MALESBOUCHES. (le paraige de) — C'est le paraige d'outre Moselle, qui est ainsi nommé dans un Atour de 1256.

MALICE DE BONET. — Glissement, substitution de faux écrits. 1393.

MALLE-PART. (prendre en) — Prendre en mauvaise part, être choqué mal-à-propos.

MALVAISE. — Mauvaise.

MALVISTE. — Méchanceté.

MAMIN, ou *Mamy*. (Saint) — Saint-Maximin, Paroisse de la Ville.

MANANS DE MES. — Habitans de Metz. *Menans* signifie la même chose.

MANANDIE. — Qualité de Manans.

MANDRE. — Moindre en valeur. *Les plus mandres* ou *manres*. Les plus maigres, les plus foibles.

MANGIN. — Dominique.

MANIERE. — Sorte. *Parler pour toute maniere de gens*. Pour toute sorte de gens.

MANISTE. — Qui ose mettre la main sur autrui, le battre.

MANSUIT. — Averti.

MARAINE DE FON. — Maraine au Baptême.

MARCHANDER. — Vendre. C'eſt le ſens que lui donnent les Atours.

MARIATE. — Marie, nom de femme.

MARSAULT. — La ville de Marſal, à dix lieues de Metz.

MARTIN DEVANT METZ. (Saint) — Abbaye de Bénédictins, qui étoit ſituée au pied de la côte Saint-Quentin. *Voyez* l'hiſtoire de Metz.

MASON. (ly) — La maiſon. *Ly maxon* ou *lai maxon*.

MASSON. (maître) — Architecte, tel que Pierre Perrard, qui acheva l'édifice de la Cathédrale.

MASSOUYAGE. — Herbage, légume potager.

MASSOUYERS. — Jardiniers. Ils formoient un corps en 1597. On appelle encore aujourd'hui *Meſſouyers*, les perſonnes employées par les Jardiniers, pour crier & vendre leurs légumes par les rues ; ce ſont auſſi ceux qui vendent les graines. On les appelle encore, *Meſſai*.

MAXENCIEN. — Maximin.

MAY-LA-TOUR. — Bourg appellé Mars-la-tour, à quatre lieues de Metz.

ME. — Ma, nôtre. *Me grace royal.* Notre grace royalle.

MEFFAIRE. — Faire mal.

MEHURE. — Mûre, en maturité.

MEINER. — Demeurer. *Qui meint à Més.* Qui demeure à Metz. De là les termes de *manans* & de *menans*, du verbe *manere*.

MEIS, *Meix*, ou *Maix*. — Enclos, clos, jardin fermé, enceinte d'une maison, ce qu'on appelle dans certains lieux, *Pourpris* & *acceint*; il vient du mot *Mansus*, on en a formé *Maix*, *Menil*, *Meix*, &c.

MENANDIES. — Manoirs, habitations de campagne, granges, écuries. *Que les menandies fuxient abbattues.* Que les manoirs de campagne fussent renversés.

MENÉS. (de vin) — Voitures de vin.

MENESTRÉS.—Ménétriers, joueurs de violon & autres instrumens.

MENIERE. (en la) — En la forme, de la maniere.

MENON DE XOULLE. — Une poignée de chaume, de paille. On appelle encore en Messin *choul*, cette paille courte & coupée, dont on se sert pour lier la vigne.

MENOURS. (les) — Les soldats mineurs.

MENOURS. (les freres) — Mineurs, les Religieux Cordeliers.

MEPRISONS. — Outrages, torts, injustices.

MERCHIEFS. — Marchés, accords. *Que ly merchiefs & ly convenance.* Que les marchés, les conventions.

MERTIN. (Saint) — Saint Martin.

MESCHOIR. — Arriver malheur.

MESCHIEF. — Destruction.

MESCRÉANS. (les) — Les Infidéles.

MESCRUS. — Soupçons.

MESDONNER.

MESDONNER. (se) — S'abandonner à autrui. *Femme qui se mesdonne*, qui s'abandonne à autre qu'à son mari.

MESNAIGES. — Meubles de ménage.

MESPRENDRE. — Tomber en faute. *Si quelqu'un mesprénoit en ces cas.* S'il commettoit quelqu'un de ces délits.

MESSE-NOTRE-DAME. — Messe chantée & célébrée par les Chapelains établis dans la plûpart des paroisses de Metz, connus sous le nom de *Chapelains de Notre-Dame*.

MESTIER. (parler d'autre) — Parler d'autre chose.

MESTIER. — Besoin. *Si mestier est.* Si besoin est.

METRES. — Vers, poësies.

MEU. (un) — Un muid, soit de vin, soit de bled.

MEURDREUPS. — Meurtriers.

MEY. (en) — Au milieu.

MIAULX. — Meaux, ville capitale de Brie, en France.

MILIAIRES (li) — L'an mil. *Cist escris fut fais VIII. jors après feste Saint Remei kant li miliaires corroit par M. & CC. & LX & XVII ans.* Cet acte fut passé huit jours après la Saint Remy de l'année 1277.

MINGNER. — Miner, faire des mines.

MISTE. (la) La Mute, grosse cloche de Metz.

MITTE. (la) — La moitié.

MOAYEZ. — Mouée, amas de pesseaux, d'échalats dans les vignes pendant l'hyver, lesquels suffisent pour échalasser la huitiéme partie d'un jour de vignes, qui de là est nommée *mouée de vignes*.

MOIBLES. — Meubles.

MOLESTE. — Chagrin.

MOLLIN. — Moulin.

MONSTRANCE. — Titre.

MONTRE. (prêter à) — Prêter à usure, ou à intérêt.

MOUGNIER. — Meûnier.

MOULRE. — Moudre du grain.

MOUSTRIES. — Métrayer, fermier, cultivateur d'une ferme.

MOUTIER. — Eglise. *Le grand Moutier.* La Cathédrale.

MUELLES. — Toutes sortes de cornes pour faire des lanternes, &c. *La maletote de toutes muelles & de Woires.* Maltôte de toutes espéces de cornes & de verres. *Voyez* Woires.

MURDRIR. — Meurtrir, blesser.

MUSELZ. (les) — Les lépreux, les Ladres. L'on voit autour de Metz quantité de lieux nommés *Ladreries:* on y renfermoit ceux qui étoient attaqués de ce mal. *Voyez* l'histoire de Metz.

N

NASTION. — Naissance. *Et feït-on grand joie pour cefte naftion.* Et l'on fit de grandes réjouiffances à l'occafion de cette naiffance.

NAVÉE. (graine de) — Graine de navette.

NAVRER. — Bleffer.

NAUSOWE. — Naffau.

NAVYERES. (un) — Un bateau.

NE. — Se trouve mis pour *ou*, pour *ni*, pour *fe*, *non*, pour *ne que*. Voyez *fe*.

NECTOINIER. — Nautonnier, batelier.

NEF. (le) — Le nez.

NEF-BATAILLERESSE. — Bateau armé en guerre.

NEMMERY. (champ) — Terrein anciennement ainfi appellé; il eft fitué hors la porte Mazelle, fur la riviere de Seille, en tirant vers la porte Saint-Thiébault; il y avoit une promenade publique.

N'EN. — Ni. *N'en il, n'en autres por lui.* Ni lui, ni autres en son nom.

NEU ou *neus.* (la) — La nuit. *Neu formant.* Nuit fermée.

NEVOUR. — Neveux.

NEURE. — Nuire.

NEUXANT. — Nuisible. *Keu ceu ne seroit niant neuxant.* Que cela ne pourroit nuire.

NEUXE. — Noix.

NIANT. (à) — Ne nuisant aucunement à la partie.

NIANT. (de) — Point. *Et doient commandeir as maiors sus poinnes de vingt livres kil nan vailient de niant en avant.* Et doivent commander aux Maires, qu'ils n'aillent point en avant, sous peine de vingt livres.

NIANT. — Quelque chose. *Si aucuns de nos menans de Més vouloient niant demander à homme ne à femme; c'est-à-dire, si quelqu'uns des habitans vouloient répéter quelque chose à un homme, ou à une femme. On voit que *ne* signifie ici *ou* conjonctif.

NIANT. — Rien. *Qu'ils ne panront ne ne donneront niant.* Qu'ils ne prendront rien, ni ne donneront quoique ce soit.

NIEZ ou *Nies*. (ses) — Ses neveux ou petits-fils.

NISSETÉ. — Niaiserie, maladresse.

NIVE'S. — Niveau. *Il faut panre le nivés.* Il faut prendre le niveau.

NOIXES. — Querelles, disputes. *Abaxier les noixes.* Appaiser les disputes.

NONNAINS. (les) — Les Dames Bénédictines de Metz.

NONNETIERS. — Epingliers, Fabricans épingles & éguilles. *Voyez* Yeures.

NOURER. — Ne point écouter, refuser une demande. *Les autres noure.* Ne voulurent rien accorder.

N n

Nous. — Nos.

Noweil. — Noël.

Nowiers. — Noyers.

Nueufz. — Neuf. *Novem.*

Nulluy. (de) — De personne.

O

Observance d'en bas. (les freres de) — Les religieux Cordeliers.

Occult. (en) — En secret.

Ocquesonneir. — Actionner. *En puet bien prendre li amant lou crant, sans nuls ocquoisons, & comme ne l'en puet ocquesonneir.* En ce cas, les Amans (ou Notaires) en pourront dresser le reçu, sans nulle action contre eux, sans que pour cela on puisse les contraindre à payer l'amende dont s'agit.

Oir. — Enfant, héritier. *Sui oir.* Ses descendans. 1235.

Oiselz. — Oiseaux.

OIXEY. — Augy. Il n'y a que deux fermes dans ce lieu, de la paroisse de Saint Aignan, Pays-messin.

OLLIXEY. — Olgy, village du Pays-messin, sur le bord de la Mozelle, au-dessous de Metz.

ON. — Ou.

ORDONNANCE. (en belle) — En bon ordre.

ORDRES-GENS. — Vilaines gens, pleins d'ordures & de crasse.

ORNEY. — Orny, village du Pays messin, à trois lieues de Metz, à la droite de la route de Strasbourg.

ORRELOUSE. (de) — D'horloge.

ORT. — Boueux, vilain, mal propre.

OST. (un) — Un corps de troupes ennemies, du Latin, *hostis*.

OSTES. (qui) — Qui ose. *Deffendont qu'il ne soit nuls qui ostes cestuy statu casser ne brixier*. Défendons à tous d'oser casser ni briser ce Statut.

OULTECUIDIET.

OULTRECUIDIET. (un) — Un insolent, un petit-maître.

OULTREMEENT. (jugement dit) — Jugement prononcé en dernier ressort, ou Sentence finale, après laquelle on ne pouvoit plus mettre le fait en droit, (ce sont les termes de l'Atour). C'étoit le Maître-Echevin avec ses Pairs, c'est-à-dire, avec les Treize, qui la rendoit, ou bien le Majeur avec les Echevins. *Année 1397.*

OUVRAIGE. — Ouvrage.

OUS. — Eux. *De par ous.* Par eux-mêmes, de leur part.

OXOUSE. — Odieuse. *L'avarice maldicte des Execuiours & des hoirs, qui par estude d'avarice, ou pour oxouse négligence, ne vuelent ou pourlongnent plus qu'ils ne doient, à emplir les piecz & dariennes volonteis des trepasseis que lour sont commises.* La maudite avarice tant des exécuteurs testamentaires, que des héritiers, qui, par une insatiable avidité ou une odieuse négligence, refusent d'exécuter, ou trainent en longueur l'exécution des legs pieux & dernieres volontés des défunts.

P

PAILLAY. (au) — Au Palais où l'on rendoit la justice.

PAILLE. (on) — Au poële.

PAILLE-MAILLE. (fontaine de) — Cette fontaine étoit sous les murs qui soutiennent aujourd'hui les terres du Fort de la Belle-croix.

PAINE. (grand) — Grand pan, grande partie d'une muraille.

PAINES. — Peaux. *Paines de fourures*. Peaux de fourures.

PAIRAGE. — Paraige. *Voyez* Paraige.

PAIRCIAULX DE VIGNES. — Pesseaux, échalats pour attacher la la vigne.

PAIRIERE. — Carrieré où on tire la pierre.

PAIRIEULX.— Carrier, homme de journée qui arrache la pierre.

PAIXELS. — Peffeaux. *Paixels ne doient coper ni rayer.* Il leur est défendu de couper ou d'arracher les peffeaux des vignes.

PAL-FERRÉ. — Pieu ou pilot armé de fer, que l'on fiche en terre.

PALIS. — Petit pieu pointu, dont on fait des clôtures, des paliffades.

PALLAS. — Palais où fe rend la juftice.

PALLER. — Péler. *Paller arbres.* En ôter l'écorce.

PALZ. — Pal, pieu.

PAN ou *Panie*. — Vol, larcin, & chofe volée.

PANDERE. (le)—Le bourreau. *Tant que le pandere ly allait copper le flagieule de la gorze.* Au moment où le bourreau alloit lui couper le col.

PANRE. (au) — A la prife.

PAOLLE. — Pallium, ornement que

le Pape accorde aux Archevêques, & quelquefois aux Evêques.

PAOUR. — Crainte.

PAPEGAY. — Pagotes. *Sires Nicole Lowes & Martin George retournirent de Jherusalem, & rapportont deux papegay. 1428.* Les Sires Nicolas Louve & Martin George, revinrent de Jérusalem, & rapporterent deux pagotes.

PAPPEGART. — Lettres qui se délivroient aux pélerins à Jérusalem.

PARAIGES. — Cantons, quartiers. La Ville étoit anciennement divisée en six cantons ou quartiers, qu'on appelloit, *paraiges*; ceux du même paraige se trouvent ordinairement nommés parens dans les Atours. Amis prochains ou charnels, étoient ce que nous appellons parens.

PARDESSOURS. — Officiers de la Justice de la République de Metz, qui instruisoient & rapportoient les procès pour le Jugement.

PARDONS. (les grands) — Jubilé.

PARFOND. — Profond.

PARFORCER. — Efforcer.

PARGNEY. — Perny, village de Lorraine où il y avoit anciennement un Château fort & extrêmement élevé.

PARIAULX. — Peſſeaux, échalats.

PAROFFERTE ou *Puorofferte*. — Offre, conſignation, dépôt.

PAROUSSE. — Paroiſſe.

PARQUEIS. — Parce que.

PARSONNAIGE. — Perſonnage, rôle dans une Comédie.

PARTIR. — Partager, diviſer.

PARTUZAINE. — Pertuiſanne.

PASQUES-FLORIE. — Dimanche des Rameaux.

PASSELZ. — échalats.

PASSE-ROUTE. — Homme adroit, fin, ſubtil.

PASSE-TEMPS. (maiſon du) — Maiſon ſituée entre l'Hôpital Saint-

George & le Couvent des Religieuses de Sainte Ursule.

Patard. (porte) — Fausse porte de la Cité, qui étoit placée à la gauche en sortant du Pont des morts.

Pauxeur. — Pêcheur de riviere.

Pauxours. — Aidans, portans secours. *Et y ot aussi plusiours pauxours bannis avec eulx.* Il y eut aussi plusieurs de leurs partisans bannis avec eux.

Peigney-sous-Pregney. — Pagny sous Perny, village de Lorraine, assez proche de la Moselle, au-dessus de Metz.

Pennon. — Banniere d'Eglise, étendard.

Permaignable. — Permanent, durable.

Permaignaulement. — Permanablement, à toujours.

Pernemaille. — *Voyez* Paille-Maille.

Peroche. (la) — **La Paroisse.**

PERTUIS. — Trou, ouverture.

PESTE. — Pâte, repas.

PESTILENCE. — Peste, maladie contagieuse.

PETAL. — Pilon d'un mortier, masse, ou massue.

PIED DE CHEVRE. — Outil de masson, pince fendue par le bas.

PIERRE-FÉNAL-ENTRANT. (la St.) — La fête de Saint Pierre, qui est le 29 de Juin, temps auquel commence la recolte des foins.

PIERRE LE VIEZ. (Saint) — Saint Pierre le vieux. Cette Eglise étoit située joignant le Cloître de la Cathédrale.

PILLÉS. — Grand bâton de sapin, droit & approprié, dont la partie supérieure est recouverte de cire blanche, avec différens ornemens dorés & en couleur, surmontés d'une espéce de coupillon en fer blanc, élevé, découpé & peint, au milieu duquel on pose un cierge.

PLAIDIOURS. — Avocats. *Jehan Mathieu le Plaidiour.* Jean Mathieu l'Avocat.

PLAIGERIE. — Cautionnement.

PLAIS. — Procès. *Tant comme li plais que nous avons en Court de Rome en contre l'Evesque & l'Abbé de Gorze & li Couvent durerait. 1308.* Tant que le procès que nous avons en Cour de Rome contre l'Evêque & l'Abbé de Gorze & le Couvent durera.

PLAITS. (annals) — *Voyez* Annals-plaits.

PLANCQUER. — Placarder. *Et les fit planquer aux portaulx de la grant Eglise de Metz.* Et les fit placarder aux portes de la Cathédrale.

PLANTE. (grand) — Grande quantité, en abondance.

PLANTEY. (à) — Abondamment, à desir.

PLANTUREUX. — Abondant.

PLOGE. — Pluie.

PLOMAIR. — Plumet.

PLOYE-SAPPES,

PLOYE-SAPPES. — Un bandit, un scélérat. *Voyez* Sappes.

POC. (ung) — Un peu. *Les bourgeois de Metz orent ung poc après grant diffention.* Les bourgeois de Metz eurent peu de temps après grande diffention.

POENCIGNON. — Nom de baptême qui signifie ponce.

POILLAILLE. — Volaille.

POINCIGNONS. (les) — Les citoyens, les manans de Vic, de Metz.

POINTER. — Peindre.

POLT. (il) — Il peut.

PON. — Pont-à-Mousson.

PONCEL. — Petit pont.

PONT AUX LOUVES. — *Voyez* Quinquaraille.

POOIR. — Pouvoir.

POONS. — Pouvons. *Ce ke faire en poons.* Ce que nous pouvons faire à cet égard. *Se il n'en pooient jouir.* S'ils ne pouvoient en jouir.

O

PORSOLZ. — Payement plein & entier. *Et de c'eſt acquaſt eſt bien payeſt & porſolz.* Et a payé tout-à-fait cette acquiſition.

POTERNE ou *Porterne*. — Fauſſe porte aux environs d'une grande porte de la Cité.

POUGNIS. — Guerre, combat. *Par la raſon dou pougnis.* A raiſon de la guerre & des combats qui ſe ſont donnés, du Latin *pugna.*

POULLENNE. — Pologne.

POÛR. — Peur, épouvante.

POURCHAISSER. — Faire perquiſition, ſolliciter, ſuivre une affaire.

POURCHASSEIR ou *Pourchaſſier.* — Travailler à obtenir quelque diſpenſe, quelque grace ; mettre tout en œuvre pour venir à bout de quelque choſe.

POURCHE. — Terme qui vient du verbe précédent. Brigue, pourſuites, démarches. *Ils faixioient de grandes pourches, ad fin qu'ils uſſent*

& *pourteſſent l'office de la Doyenney.* Ils mettoient tout en œuvre pour avoir & obtenir l'office de Doyen, *Voyez* Doyen.

POURES. (les) — Les pauvres.

POURTESUERS. — Réglemens.

POUSSINS. — Petits poulets.

POURXURE. — Pourſuivre.

POUXANCE. — Puiſſance.

POUXONS. — Poiſſons.

PRACHOURS ou *Praſchours.* (les) — Les Freres-Prêcheurs, les Dominicains.

PREGNEY. — Perny, village de Lorraine.

PREMIER QU'IL FUT. — Avant qu'il fut.

PRENELLE. (boiſſon de) — Boiſſon faite avec des prunelles, qui ſont des mauvaiſes prunes ſauvages.

PRESTRE DE RELIGION. — Prêtre régulier.

PRIVÉ. (Saint) — Saint Privat,

O ij

Eglise hors la porte Saint-Thiébault.

PRIXIER. — Mettre le prix, apprécier.

PROCALLOR. — Procureur. *Ly Moines & Procallor de Saint Clément ont laiée à lower.* Les Moines & Procureur de Saint Clément ont laissé à loyer.

PROICHEURS. — Religieux Dominicains.

PROMOURS. — Temps de labourer, de remuer la terre, du verbe Latin, *promovere. Au plain promors & autre tant.* Lors de la premiere ou grande culture, & autres temps d'aller à la charrue.

PROPRIEULLE. — Petite vérole.

PROTECTATION. — Protection.

PROVEAULEMENT. — Provisionnellement.

PROVENDE. — Prébende.

PROVER. — Prouver.

PROUS. — Profits. *En tous us & prous.* En tout usage & profit.

PRUD-HOMME. — Celui qui avoit un Office de Prudomier. *Voyez* l'histoire de Metz. Il se dit aussi d'un honnête citoyen, d'un chef de famille.

PUISSANCE. (grant) — Grand nombre de troupes, grandes forces.

PUISSIN. — Petit poulet.

PULEGE. — Pouillé, des mots Latins, *publica lex* ou *popularis lex*.

Q

QUAICHIER. — Cacher.

QUAIRTHIER. — Quartier, Mesureur juré de grains.

QUANQUE. — Ce que. *Tot quanque.* Tout ce que.

QUANT QUE CE SOIT. — En quel temps, ou autant de temps que ce puisse être.

QUARTE DE VIN. (la) — Terme synonime à celui de pot bourgeois, faisant le quart d'un *chenet*, qui contenoit quatre pots & une pinte, d'où eſt venu la dénomination de *Quarte*; ainſi le pot bourgeois contenoit une demi-chopine de plus que le pot ordinaire.

QUARTERIE. — Charge de Quartier.

QUE A. — Tant a.

QUE FUT. — Défunt.

QUENEGATTE. — Eſpéce de chaiſe ſur laquelle on plaçoit un criminel pour lui couper la tête.

QUESSEIR. — Caſſer, priver d'un emploi. *Il fut queſſeilz des gaiges, pour qu'il avoit trepeſſey l'Ordonnance des VII de la guerre.* Il fut privé des gages de la Ville pour s'être écarté de l'Ordonnance des Sept de la guerre.

QUEWE. — Cuve pour recevoir la vendange.

QUEWE DYAUE. — Cuvier rempli d'eau.

QUINQUARAILLE. (le pont) — Dénomination d'un pont en bois qui

Q q

étoit sur le grand chemin hors le Pont des morts; il fut mis en pierre aux frais de Nicole Louve, d'où il a été nommé *Pont aux Louves*.

QUINTAINE. (jouste à la) —— Courre la bague.

R

RABILLER. —— Rétablir.

RACHETEIT. —— Rachat. *Censes en racheteit*. Cens rachetables.

RACOMMENCER. —— Recommencer.

RACONNATEUR. —— Couvreur de maisons.

RACOUVATOUR, ou *Racouvretour*. —— Couvreurs. Les Couvreurs formoient à Metz un corps de métier. Ceux qui y entroient payoient vingt sols excepté les *racouvatours* en estraille, paille & en plomb.

RAFFINE. (Sainte) —— Sainte Ruffine, village du Pays-messin.

RAGECOURT, *Raigecourt*, *Rougecourt*. — De Rachecourt, ancienne maison de Metz; elle porte d'or à la tour de sable, ses lignes sont Ville, Esche, Gronaix, Vuise, de Paffenhoff, les Armoises, Vaulx, Ducilly, &c.

RAICHETER. — Rachèter.

RAIN-PORT. — *Voyez* Rhin-port.

RAINS. (biaulx) — Arbre de pin coupé & tiré des Vôges, qui se plante à côté de la porte des maisons des Magistrats à Metz, le premier Mai; d'où cet arbre s'appelle *Mai*.

RAINS DE VERDEUR. — Petites branches d'arbre ornées de leurs feuillages, dont on orne le dessous de la cheminée dans une chambre.

RAIOIR. — Ravoir, reprendre, retirer. *Les choses qui n'étoient raient alors.* Qui n'étoient alors rachetées ou retirées.

RAISEUR. — Rasoir.

RAISIER. (rue de la Cour de) — Aujourd'hui rue de la Cour de Ransiere.

RALCOURT,

RALCOURT. — Raucourt, village du Pays-messin, vers la Seille, au-dessus de la ville.

RAMANDER. — Reconstruire.

RANCHUS. — Renchéri.

RANDON. — Vîtesse.

RANNONCIER. — Annoncer de nouveau.

RANVIALZ. — Courses d'ennemis, en représailles.

RANVIAUX. (faire) — Faire insulte.

RAPPARISSER. — Réparer, rétablir.

RATINDRE. — Ratrapper quelqu'un qui est en fuite.

RAVAILLER. — Mépriser, abaisser.

RAVER PAR LA VILLE. — Courir par la Ville.

RAYER. — Arracher.

RAYMOND. (pont) — Aujourd'hui appellé *Porte Sainte-Barbe*, qui forme l'issue extérieure du retranchement de Guise, vis-à-vis le Fort de la Belle-croix.

REBELEIR. — Se révolter. *Volrent rebeleir la commune aux paraiges, & obrent chief de ceux d'outre Saille, & fut arse leur banniere; 1383.* Ceux de la commune voulurent se révolter contre les autres paraiges, & eurent des chefs de ceux d'outre Seille, & leur drapeau fut brûlé.

REBOUTTER. — Repousser.

RECESSIET. (être) — Etre bien battu à son tour, être rossé.

RECHAINGE. (par) — Alternativement.

RECHAT. — Habit de toile à l'usage des gens de campagne, & des manœuvres; on l'appelle aussi *Rouchet*.

RECHIEFMONT. — Richemont, village de la Prevôté de Thionville, sur la riviere d'Orne.

RÉCLAINS. — Plaintes.

RÉCLOIRE. — Refermer.

RECONFORTER — Confoler.

RECOULLIEZ. (chofes) — Recueillies.

RECOUPER *un écrit.* — Le caffer, l'annuler, *refcindere*.

RECOY. *En recoy ne en appert.* — Ni en fecret, ni ouvertement.

RECRÉANCE. — Reftitution.

RECUEIL. (biaux) — Bon accueil, réception honorable.

RECUILLAIR. — Reculer.

RÉDONDER A DOMMAIGE. — Faire tort, occafionner du dommage.

RÉÉMER. — Racheter, en Latin *redimere*, *reemere*. *S'il réembroit cette terre.* S'il la rachetoit.

REFUGE. (aporter à) — Amener en afyle, en fûreté dans la ville.

REGAIRT. (le) — L'attention.

REHUS. (faire) — Mettre par fes raifons quelqu'un hors d'état de répliquer. Le mot *Réheus* dont on se sert encore, signifie la même chose.

REITES. (les) — Les Cavaliers.

REIZE. (avoir) — Avoir des gens de guerre à sa volonté, pendant un court espace de temps.

RELASCHER. — Diminuer.

RELASSATION. — Diminution.

RELEIEIR. — Relaisser, louer, donner à bail ou à cens.

RELEVEMENT. — Acte par lequel le débiteur qui avoit déguerpi un héritage faute de payement du cens dont il étoit chargé, étoit lui, ses héritiers & créanciers, remis en possession de l'héritage, en se soumettant à payer le cens à l'avenir, & en acquittant tous les arrérages.

RELIQUES A PIERRES. — Reliquaires ornés de pierreries.

RELIGION. (gens de) — Religieux & Religieuses.

REMBRE. (se) — Se racheter, payer

sa rançon. *Qu'on ne puet se rembre porprise*, c'est le titre d'un Atour. *Si nul des ménants étoit pris & saisis de son corps, il lui étoit défendu de se rembre.* Si quelqu'un des citoyens étoit pris, il lui étoit défendu de se racheter.

REMEIDE DE LA PESTILENCE. — Cessation de la peste.

REMENANT. — Ce qui reste.

RENCHAUSSIER. — Rechausser, faire un mur en dessous, sous œuvre.

RENCLUSAIGE. — Couvent, Communauté de filles.

RENCONFORTER. — Rassurer, conforter après un malheur ou une crainte.

RENDAUBLE. — Relevant d'un autre.

RENDERIES. — Rentes, cens, redevances.

RENDOUR. — Receveur, ou quelqu'un chargé de payer pour un autre: un fermier qui peut sur son canon, payer pour son maître. *Si aucuns des rendours, que sont rendours pour ly Evêque, ou sui frere ou ly Abbey de Gorze.* Si aucuns des Receveurs ou Agents de l'Evêque, de son frere ou de l'Abbé de Gorse.

RENFORCER. — Augmenter.

RENFUS. — Refus. *Tuit ly firent renfus.* Tous le refuserent.

RENFUYER. — Refuser.

RENUSSER. — Renoncer.

REPENTIES. (sœurs) — Religieuses du Monastere de Sainte-Marie-Madelaine.

REQUELLE. (haute) — Bon accueil.

RESAIGES. — Dépendances d'une maison, ce qu'on appelle aujourd'hui *décharges d'une maison.*

RESARXIR. — Restituer. *Tant auroit resarxit tout ce qu'il tainroit.* Jusqu'à ce qu'il ait rendu & restitué tout ce qu'il détient.

RESCOURIR. — Recouvrer.

RESCOURRE. — Secourir.

RESCOUS. — Recéleur.

RESCOUSSE. — Recouvrée.

RESCOUYR. — Recouvrer.

RESGAIRDRE. — Avoir & faire attention.

RÉSOIVRE. — Recevoir. *On ne devroit les refoivre en d'autres paraiges.*

RESPAIRGNIER. — Epargner, faire des épargnes.

RESPIT. (donner) — Renvoyer un prifonnier de guerre, lui donner du temps pour fa rançon.

RESPITIER. — Avoir compaffion d'un criminel condamné par la Juftice, lui accorder fa grace.

RESPOURE. — Dépofer, cacher en terre.

RESSE. — Lignée, race.

RESSOIRE. — Examiner, & difcuter de nouveau une affaire.

RESSOURS. — Refforts.

Retenir. — Entretenir.

Retrait des Cordeliers. — Latrines du Couvent des Cordeliers, aujourd'hui des Récollets. Par ces mots, on défignoit l'entrée de la rue de *Paradis*, autrement des *Capucins*, du côté de Saulnerie.

Revaicin. (le) — Le regain des prés.

Reviseter. — Ravitailler une place.

Revoulte. — Evolution de gens de guerre.

Réus. — Ruiffeau. Il fe prononce aujourd'hui *Rû*, en langue Meffine.

Rewart. (pour) — A l'égard de Monfieur, pour l'intérêt de Monfieur.

Resaiges. (les) — Les autres chofes.

Reze. — Expédition militaire, combat, du mot latin *rixa*.

Rezenier & ademettre. — Réfigner & remettre un office entre les mains des fupérieurs.

Rhin de Greve.

RHIN DE GREVE. — Rhingrave, Prince de l'Empire.

RHIN-PORT. — On appelle de ce nom la partie de la Mozelle dans Metz, au-deſſous du pont Saint-George, juſqu'au pont des grilles baſſes, actuellement nommé *Pont-royal*.

RIBAULDE. (une) — Une concubine.

RIBLERIE. — Volerie, pillage.

RISSIR. — Pourſuivre l'ennemi, qui ſe retire après une attaque. *Ils riſſi-rent fuers a oſt*. Ils ſortirent en force, à la pourſuite des ennemis.

ROBOUR. — Bourru, aſſaſſin, méchant.

RODER. — Rouir. *Y faient roder lour chanvre*. Ils faiſoient rouir leur chanvre.

ROET. (le) — La rouë d'un moulin, *Rota*.

ROGNEULLES. (les) — Les bouts, les rognures. *Les rogneulles de ſes chevoulx*. Les bouts de ſes cheveux.

Q

Roisins. — Raisins.

Roman. — Ancienne langue Françoise. *Lettres translatées & mises en roman.* Lettres latines traduites en l'ancien langage françois.

Routeis. — Retiré. *Qui s'en seroit routeis.* Qui s'en seroit retiré.

Rowart. — Examen. *Sur le rowart de la justice.* Sur l'examen fait en Justice.

Rue. — Roue de voiture.

Rue. (dessous les) — Sur la roue.

Ruer-jus. — Renverser, terrasser, culbuter, tuer. *Il en ruait jus plusiours.* Il en tua un grand nombre.

Ruer. — Jetter, renverser.

Ruste. (jantil) — Jeune homme fort & vigoureux. Ce terme se dit des nobles comme des rôturiers.

S

SAC EN FEMME EN MARIAGE, — Présens que celui qui se marie fait à sa nouvelle épouse : savoir ; des *jouels* ou *juels por couronne, des affiches, courayes, anels & autres jouels, qui affierent.* C'est-à-dire, des joyaux, des épingles, des rubans, des bagues ou anneaux & autres semblables choses qui servent à ajuster les femmes, à les parer. *Voyez* Affiches, Affiérer, anels, jouels.

SAIEL. (lou) — Le scel ou le sceau.

SAIELER. — Sceller, attacher, apposer un scel à un titre.

SAIELOUR. (le) — Le garde-scel, ou garde des sceaux.

SAIGNER. — Marquer, désigner.

SAILLE. (une) — Un seau pour puiser & porter de l'eau.

SAILLIR. — Sortir, terminer.

SALLIR-AUX-CHAMPS. — Se mettre en armes & en campagne.

SAINT. (corps) — Au sens naturel, *Corps d'un saint*. On dit proverbialement : *Enlever comme un corps saint;* c'est-à-dire, à l'improviste. On devroit dire, *comme un cahor-sain*, ou plutôt, *comme un cahorsin*. Ce proverbe vient de ce que sous le Pontificat de Jean XXII, mort en 1334, l'on fit à Paris, enlever de nuit les usuriers qui, pour la plûpart, y étoient venus de Cahors.

SAIPLAT. — Petit ciseau taillant par le bout.

SAIRE. (la) — La Sarre, riviere.

SAIRMENT. — Serment. *Par lour sairment*. Par leur serment, en leur conscience.

SAIRPOIR. — Serpette, petit couteau courbe.

SAL CONDUIT. — Sauf conduit.

SALLEREIRE. (la) — La celleriere, la procureuse d'une Abbaye.

SALLEVERNE. (ville de) — Saverne ville de l'Alsace.

SALNERIE. (rue de) — Rue de Saunerie.

SALVAIGINE. — Bêtes fauves.

SALVER. — Sauver.

SALVETEIT. — Décharge, quittance, assurance. *Panre salveteit de li perteit.* Prendre quittance de la partie adverse.

SALUS ou *Salut*. — Monnoye d'or.

SANE. (le clerc) — Le sang pur.

SANER. — Guéri, du verbe *sanare*.

SAPPES. — Hayes, cloison, renfermerie, prison. *Détenus en fers & en sappes.* Détenus dans les fers, & en prison.

SAREMANS. — Sermens. *Par nous saremans.* Sur notre serment.

SARPENTINE. — Coulevrine.

SARRIXY. — Chérify, village près de la riviere de Seille, mi-partie Pays-messin & Lorraine.

SAVELONT. — Sable à bâtir.

SAULVE. — Spéciale garde, protection, défense & *fegur conduit*. Et sûr conduit, sauf conduit.

SAULVOULTRER. — Pincer, châtrer la vigne.

SAUVETEZ. — Avant la création du Bailliage, il y avoit à Metz une chambre *des Sauvetés*, composé du Maître-Echevin & de sept de ses Conseillers, avec l'un des trois Maires, suivant leurs districts, dans laquelle se régloient toutes les affaires des mineurs, établissemens des tuteurs & curateurs, émancipations, comptes tutélaires & autres affaires de pareille nature.

SAYN. — Sain-doux.

SCIERGE BENY. (gros) — Cierge pascal.

SCIEY. — Scy village sur la côte de Saint Quentin.

SCRIPTULE. — Scrupule.

SE. — Si. *Se li Emperere*. Si l'Empereur.

SEBAISTRE. (Saint) — Saint Sébastien.

SECHOUR. — Sécheresse. *Un grand séchour.* Une grande sécheresse.

SEGULLENNE. — Ségolêne.

SEIGNEUROIRE. — Fournir, procurer.

SEMONCE. — Avertissement pour s'assembler.

SEMONDRE. — Semoncer, avertir pour une assemblée.

SENNE. — Synode.

SE-NON. — Sinon. *Nuls ne puet témoingner contre lui. Se sui parent non.* Personne... que ses parens. *Se Messire li Emperere non.* Sinon Monseigneur l'Empereur.

SEOIR. — Siéger.

SEPMAIGNE. — Semaine.

SEPT DE LA GUERRE. — Magistrats ayant jurisdiction dans la Cité, quant à ce qui concernoit la guerre. *Voyez* notre histoire de Metz.

SERCHER. — Chercher.

Serorgien. — Chirurgien.

Serourge. — Mari de la sœur, beau-frere.

Serpenoise. (rue & porte) — Rue & porte de Scarponne. *Voyez* l'histoire de Metz.

Serpentine volante. — Mortier à bombes, ou la bombe même.

Serre. — Serrure.

Servoise. — Bierre, boisson.

Sessogne. — Saxe.

Sette. — Secte.

Si donc n'étoit que. — A moins que.

Signour. — Seigneur.

Signouraige. — Droit seigneurial.

Silley. — Silly, village du Pays-messin. Il y en a deux de ce nom, l'un dans le Saunois, à la droite de la route de Strasbourg; & l'autre sur la Nied-françoise, paroisse de Saint-Aignan.

SINGLES. — Chiques à jouer.

SI NY OLT. — Cependant il n'y eut rien.

SIRE. (son) — Son beau pere.

SOEFS. — Hayes qui ferment un héritage.

SOIBELZ ou *Soibert*. (Saint) — Saint Sigisbert.

SOIGNE. — Cicogne.

SOILLE. — Seigle.

SOLLÉS. — Souliers.

SOLLOIR. — Avoir coutume. *Que ly Clergie & ly peuple solloit faire.* Ce que le Clergé & le peuple avoit coutume de faire.

SOLRE ou *soré*. — Savoir. *Quant ils le solrent.* Quand ils le surent. *Et ne sot on oncques qui saivient fait.* Et on ne sut jamais qui avoit fait ce coup.

SOMAIR. — Terres labourables en jachere, non labourées, & qui se reposent.

SOMER. — Fixer, régler.

SONNÉ. — Déclaré. *Si le Curé avoit sonné qu'il n'y puet aller.* Si le Curé eût déclaré qu'il ne pouvoit y aller.

SORT. — Sur. *Par délibération sort ceu heue.* Par délibération prise la-dessus.

SOUDOYOURS. — Soldats étrangers pris à la solde de la Cité, *à la soulde*, à la solde.

SOUGNIER. — Prendre soin.

SOULGIEZ. — Sujets soumis à un Souverain. *Subjés.* Idem.

SOULLAIEIER. — Soulager.

SOULTES. (bien) — Bien payés, du verbe *solvere*.

SOUDRE ou *Sordre*. — Naître, s'élever de toute part de jour en jour.

SOUVERAINE. (des) — Des principales.

SOUVERAINEMENT. — Principalement, singuliérement.

STAPPE. (la) — L'étape où on vend le vin.

STAVERASSES, STRAVOURS. — Femmes & hommes qui ont des étuves ou des bains chauds.

STENOUR. — Tanneur.

STOFFIER. — Etouffer.

STUQUER. — Remettre à quelqu'un, des marchandises en gros.

SUBGECT. — Sujet.

SUBGECTION. (mettre à) — Asservir, dominer.

SUET. (on) — On a coutume.

SUEUR. — Sœur. *Lour sueur.* Leur sœur.

SUPLICE. (Saint) — Saint Simplice, paroisse de la ville.

SUPPELIER. — Supplier. *Suppelier à quelqu'un.* Le prier humblement.

SY A TOUS. — Autour d'ici, aux environs. *Les Villoirs sy à tous.* Les petites villes des environs.

SURSÉANCE. — Suspension d'affaires entre les particuliers, & délai d'exercice de souveraineté entre les Princes. On nomme *Terres de surséance,* celles que divers Souverains prétendent leur appartenir, sur lesquelles ils diffèrent d'exercer leur autorité, jusqu'à ce que la chose soit décidée.

R ij

T

TABERNACLE DE BOIS. — Préfence garnie de cierges, aux services qui se font à l'Eglise, pour le repos des ames des défunts.

TABLE. (mis en) — Condamné à peine afflictive par contumace, puni en effigie.

TACONNEURS. — Raccommodeurs de savattes, savetiers, qui se placent au coin des rues.

TAINCHIE. (la) — La tenue des plaids, des Assises.

TAISANT. (faire) — Imposer silence.

TAIXENAIRE. — Faiseur de coffres, de malles.

TAIXEY. — Téfée, village près de la côte de Delme.

TALLÉS. (des raisins) — Raisins qui commencent à changer de couleur, qui commencent à mêler.

TAMBOURINS. — Timballes.

TANDELLINS. — Hottes de sapin pour porter la vendange & le vin.

TANDRE SUR LES CHEMINS.— voler sur les chemins, y attendre pour piller les passans.

TANRE. — Tenir, observer. *Ils debvoient tanre ceu que dit en seroit.* Se conformer à ce qui en seroit ordonné.

TANSONNER. — Etayer, mettre des étaies pour soutenir un bâtiment qui tombe en ruine.

TANTOST. — Aussi-tôt.

TASON DE BOIS. — Etaie de bois.

TAUBERNAICLE DE MARIENS.— Grandes barraques de planches.

TAUBLIS. (ung)—Un Tablier.

TAULE. — Tablette, régistre. *Doit mettre en taule lou clercs, ti treises.* Le clerc des Treize doit l'inscrire sur ses régistres, dans ses tablettes.

TAUSER. — Taxer.

TENOUR. — Audience au Palais, ou

Séance des Treize, pour ouir plaider. *Voyez* Vanter.

T E I L S. — Toit de maison.

T E M P E S T É. — Gâté, détruit par l'orage.

T E N D E U R S D E H A U T C H E M I N. — Voleurs de grands chemins.

T E N O R. (le) — Le détenteur du bien d'autrui.

T E N O U R. (la) — Teneur.

T E N N O U R S. — Tanneurs.

T E R M I N E. — Le terme auquel on doit payer ou faire quelque chose. *A deux termines*. A deux termes, en deux payemens.

T E S M O I G N E R. — Attester en Justice & par serment.

T E S T E S. — Testons, ancienne monnoie de Metz.

T I E S T E. (la) — La tête.

T O N N O I R E. — Tonnerre.

T O R N A I R E. — Convenir, arrêter quelque chose.

TORSURE. — Torture.

TORTIS. — Torches. *Tortis ardens.* Torches allumées.

TOS. (à) — A tous. *A tos le commun.* A toute la Communauté.

TOSQUAIN. — Toscan, qui est de Toscane.

TOTAIGE. — Totalité.

TOURCION. — Extorsion.

TOUSXULES. — Toute sorte de toiles, tout ce qui se fait chez le tisserand. *Omne texile.*

TOUT QUANT QUE. — Tout ce que.

TOUTE VOIE. — Toute fois, cependant.

TRAIN. (du) — De la paille.

TRAMER. — Envoyer, transmettre. *Se li Emperere tramet ses lettres à Monseignour l'Evêque par son Messager.* Si l'Empereur envoyoit ses lettres à Monseigneur l'Evêque.

TRAIRE. — Se réclamer, se déclarer, se donner. *Dans le cas d'un baistan, on ne pouvoit se traire*, se dire, se réclamer d'un autre paraige que le sien.

TRAIRE. — Tirer. *Traire une bombarde*. Tirer un canon.

TRAIT. (le) — Le territoire, le finage d'un lieu, d'une Eglise.

TRAITEUX. — Traiteau.

TRANSLATER. — Transférer.

TRANTAULX ou *Trental*. — Un trentain, une messe pendant trente jours.

TRÉCOISE. — Tenaille.

TREISTE. (la) — La tête.

TREIX ou *Traix*. — Treille, vigne en treille.

TREIZE. (les) — Magistrats de la Cité. *Voyez* l'histoire de Metz.

TREPESSEIR. — Outre passer, transgresser une Ordonnance.

TRES-CHAMBRE. (faire) — Jetter des urines, vuider des pots de chambre.

TRÈS-FOND. — *Voyez* Ban du Très-fond.

TRESILLER.

TRÉSILLER. — Carillonner.

TRÉSILLEUR DE CLOCHES. — Carillonneur.

TREVINES. — Tréves. *Triefves* eſt la même choſe.

TRIBOULLER. — Affliger, déſoler, agiter de ſoins & embarras.

TRIQUOISE. — Inſtrument de guerre, actuellement inconnu.

TRIUMPHE. — Réjouiſſance, magnificence.

TROMPER *la retraite, la corner.* — La ſonner.

TROUSSEL DE BLED. — Teſſeau, amas de bled, ou grains en gerbes.

TRUVES ou *Trues.* — Treve, avoir bonne treve. *Aller querre truves.* Aller demander treve.

TUITION. — Garde, protection.

TUIT. — Tous. *Tuit dous.* Tous deux. *Tres tuit.* Tous ſans exception. Les Meſſins diſent maintenant, *Tertous.*

TUMEREL. — Tombereau.

S

TUPPIN. (ung) — Un vase quelconque. *Teppin*, signifie la même chose. *La bombarde brixat ung teppin de marjolaine, de quoi la Dame Phelippin Marcoul menait grand hahay.* Un boulet de canon brisa un vase de marjolaine, sur quoi la Dame fit grand bruit.

V U

VACHERIES. (les) — Les vaches.

VAILLANCE. — Valeur de la monnoie. *Et la monnoye de l'Emperour doit-on panre à la vaillance qu'il le valt.* A la valeur, au taux qu'il l'ordonne.

VAINGNIER. — Gagner ou prêter.

VAIRNIER. — Vitrier.

VAIT. (le) — Le guet, la garde de la ville.

VANTER. *Se vanter de tenour.* — Obtenir & tenir une Audience en plaidant devant les Treize ; devant les autres Juges, c'étoit l'avoir en lieu de ban.

V U

VALLEUE. — Valeur, prix d'une chofe.

VAYNE. — Vanne, la vanne d'un moulin, une digue.

VAZELLE. — Rue de Vafelle.

VEGNEY. — Vigny, village du Pays-meffin.

VEHEU. — Vu. *Nous avons vehu & confidéré.*

VENOIR. — Chaffeur.

VENOISSON. — Venaifon, gibier.

VENT DROIT. — Vent du couchant.

VERDUM. — Coutelas.

VERLET. — Valet, domeftique. Un Seigneur avoit des valets & domeftiques, qui indépendamment des ouvrages de campagne, devoient être armés pour la défenfe de fon Château.

VEROULLÉEZ. — Lance, au bout de laquelle il y avoit une efpéce de virolle pour ne pas fe bleffer.

VERT-MAY. — Branches de verdure dont on ornoit les rues pour les processions.

VERY. — Vry, village du Pays-meſlin en la plaine de Sainte-Barbe.

VEUDIER. — Sortir.

VEXILLEMENT. — Vaiſſelle. *Qu'on pregne tout mon vexillement.* Toute ma vaiſſelle.

VIARD. (le) — La garde.

VICAIRIE. (à) — Bail emphithéotique pour 99 ans ou moins. On banniſſoit auſſi un coupable *à Vicairie*, pour 99 ans.

VICQUANT. — Vivant. *Et le plux long vicquant d'iaulz.* Et le dernier vivant d'entr'eux.

VIESSERIE. (la) — L'état des revendeurs.

VIGNENT. (ils) — Ils viennent. *Kils vignent devant les Treize.* Qu'ils viennent devant les Treize.

VIGNOURS. — Vignerons. Ils formoient à Metz un corps de métier. Il y avoit un Maître & six Jurés, qui le gouvernoient pour la police.

VILITEIT. (à) — A volonté.

VILAIN. — Campagnard, qui demeure à la campagne.

VILLOIRS. — Petites villes, aux environs d'une capitale.

VILLONIE. — Mauvais traitement. *Faire villonie.* Maltraiter.

VISIST. (qu'on) — Qu'on se donne bien de garde de faire telle ou telle chose.

VIT. (Saint) — Ancienne paroisse de Metz.

VITOUR. (Saint) — Saint Victor, autre paroisse de Metz, qui subsiste aujourd'hui.

VOCIST. (ne) — Ne voulut. *Voulcist,* voulut, *ou* voulussent.

VOÉ. — Voué, qui a l'avocatie, ou défense d'une terre.

VOEZ. (un) — Un gué de riviere.

V U

Volt. — Voulut.

Volxit. — Qu'il voulut. *Volxiſſent*, qu'ils vouluſſent.

Voulletrue. — Jeu de volant.

Voult. — Vœux. *Sur le voult de notre religion.* Sur le vœu de notre religion, ſur la promeſſe qu'on a fait de la ſuivre.

Vy. — Vic, ville capitale de la temporalité des Evêques de Metz.

Ung. — Un. *En ces temps-là (1419), on avoit trois femmes pour ung œuf; ung œuf coûtoit ung gros, c'étoit chacune femme quatre deniers, encore les ait-on bien pour le pris & pour moins.* Chron. du Doyen de Saint-Thibault.

Us. — Porte. *Doivent nuncier à lor us.* Doivent annoncer ſur leurs portes.

Us. — Coutume. *Selon les us de la Cité.* ſelon les coutumes de la Ville.

Vuarnement. — Vêtement, habillement, tant d'homme que de femme; il vient du mot *Warder*, ſe garantir du froid, du chaud, &c.

Uxe. — Porte.

Uxer. — Sortir. *Uxont fuers.* Ils sortent. *Aucuns de nos josnes marchands de Metz uxons fuers, & firent par lours hardiesse grant dommaige à nos ennemis ; ils étoient boins & loyaux compaignons.* 1429. Un nombre de jeunes gens sortit en armes de la ville, & causa de grands dommages aux ennemis.

Uzuwaire. — Usuaire, dont on a droit d'user.

W

Wacchon. — Vaccon, canton de vignes à côté de la route de Metz à Plappeville.

Waccons. (les) — Les cailloux des bords de la Moselle, sur lesquels on fait sécher les linges ; on les nomme maintenant, *Woicas.*

Wages & Waiges. — Gages.

Waidebilly. (rue de) — Rue du

Wadebilly, qui d'une part aboutit à la rue Mazelle, & d'autre part à la rue des Allemands.

WAIGIERE. — Engagement, chose qu'on donne ou qu'on reçoit pour gage. *Donner à waigiere.* Donner à gage.

WAIGNIER. — Gagner.

WAIMAL ou *Wainal.* — Automne. De là vient le nom de *Wain*, donné aux bleds ensemencés en Automne.

WAIRIER. — Faire la guerre. *Werre*, guerre.

WAIRIERES. — Vîtres d'une Eglise.

WARCOLLIER. — Sellier, bourrelier. Le mot *Vercollier* est encore en usage à Metz : la *Warcolle*, terme également usité, est une piéce de cuir qui se met sur le dos des chevaux attelés.

WARDE. — Garde.

WARENTIR. — Protéger, défendre, garantir.

WARMAISE.

W w 145

WARMAISE ou *Warmase*. — Vorms, ville d'Empire.

WARNISON. — Garnison.

WART. (de) — De vert.

WARTES. — Gardes. *A lez wart des Treize.* Sous la garde des Treize.

WASTELIER ou *Waisteliers*. — Pâtissiers. Les différentes sortes de pâtisseries messines rappellées dans les Atours, sont *bourdes & watillons*, (petites tartes) *bugnat*, beignets, *brudesselles*, pains de Rome, *Cachemufiauls*, *xemblin*, boute en bras, *pains-xauldes*, échaudés, *colleinire*, *floyes du Carême*, & autres *watelleries*; outre les Boulangers, & les Pâtissiers, il y avoit à Metz les Gatelliers.

WAULDRENOWE. (la venne de) — La vanne & digue de Vadrineau, sur la riviere de Moselle.

WAUYTER. (se) — Se regarder, se considérer.

WELT. — Veut. *Qui Deu welt aidier, malz hommes ne le puet nuire.* Les

T

méchans ne peuvent nuire à celui que Dieu protége. *Ancien proverbe meſſin.*

WERNEMENS. — Habillemens de toutes eſpéces, de toutes façons.

WERRE. (la) — La guerre. *Warrïer.* Faire la guerre.

WESIGNEUL ou *Weſſigneux.* — Quartier de la Cité, qui comprend toute la place de Saint-Louis & la rue du change.

WEY. — Gué, où on peut paſſer la riviere. *A Wey.* Au gué.

WIDER. — Partir, quitter, ſortir de quelqu'endroit.

WINCESLIN. — Vinceſlas.

WOINGNER, REVOIGNER. — Gagner, regagner, reprendre les armes.

WOIRES. — Verres.

WOIRIER. — Vitrier.

WRAMEY. — Vremy, village du Pays-meſſin, en la plaine de Sainte-Barbe.

WUIDER. — Emporter, enlever, mettre en sûreté.

X

XAILLER. — Glisser sur la glace.

XAPER. — Echapper. *Le Duc de Bar s'en volt par deux fois xaper.* Par deux fois, le Duc de Bar voulut s'échapper.

XAWOULTRER. — Pincer la vigne, la châtrer.

XEPEL. (pleſſe) — Place chappel ou Chappé.

XEU. — Suif. *La maletote de xeu & de cire.* La maltôte de suif & de cire. *Item de ſayn & de xeu.* De sain-doux & de suif.

XEU. — Rien. *Et xeu plus ne li doit.* Il ne lui doit rien de plus.

XEUPPE. (la) — Qui se prononce *cheuppe*. Punition infamante, prononcée par la Justice, dans des cas qui ne méritoient ni la mort, ni la mutilation de membres. Pour faire subir la punition de la *Xeuppe*, on dreſſoit au-deſſus de l'égout qui étoit au commencement de la place du Champ-à-Seille, une eſpéce de potence, dans les bras de laquelle étoit placée une poulie, d'où partoit une corde, qui répondoit au-deſſous à une ſorte de cage appellée *Baſſin*. Le bourreau faiſoit placer le coupable dans cette cage ; on l'élevoit enſuite, & de là on le faiſoit ſauter dans les immondices de cet égout. Le bourreau & ſes valets l'y vautroient & retournoient juſqu'à ce que ceux des Treize & les Comtes qui aſſiſtoient à cette punition avec leurs ſergens & gens de la garde journaliere, fiſſent ceſſer l'exécution.

XIPPE. —— Epée. *Saillir en la xippe.* S'armer, courir à l'épée, faire carillon.

XEURE. —— Payer. *Sauf paines de fourures que doivent xeure à la maltote des moibles.* Excepté les peaux de fourrures, qui doivent payer à la maltôte des meubles.

Xeut, Xeute. — Suivi, suivie.

Xeuwant. (en) — En suivant.

Xiriées. — Déchirés, lacérés. *Soient oteez de l'arche & xiriées.* Les actes qui n'ont plus de force, seront ôtés des archives & lacérés.

Xoul. — Chaume pour lier la vigne.

Y

Yeures. — Epingles & éguilles.

Y-ot. — Il y eut. *Et en y-ot x.* Et il y en eut dix.

Yssir. — Sortir, du verbe *Exire*.

Z

Zasse. — Saxe, Electorat de l'Empire.

Fin de la Nomenclature.

AVERTISSEMENT.
Sur les Conjugaisons des Verbes Romançons.

COMME la principale dégradation de la Langue Latine par la Romance, vient du dérangement dans les Conjugaisons, nous croyons que pour mettre le Lecteur parfaitement au fait de cette matiere, il convient d'ajouter ici les Conjugaisons suivantes, rendues en Romance, conformément à l'idiôme le plus généralement en usage dans l'étendue de l'ancien Royaume d'Austrasie.

CONJUGAISONS
DES VERBES.
ROMANÇONS.

DES VERBES AUXILIAIRES.
ETRE.   *AVOIR.*

INFINITIF PRÉSENT.
Ite.   Awoir.

PARFAIT.
Awoir itaië.   Awoir avu.

FUTUR.
Dewoir îte.   Dewoir awoir.

PARTICIPE PRESENT.
Itant.   Ayant.

PARTICIPE DU PARFAIT.
Itaië.   Avu.

Conjugaisons
Etre.   Avoir.
INDICATIF.
Present.

Sing. J e feuie,   J'â,
       T'a,   T'î,
       Il a.   Il i.
Plur. J'itant.   J'avan,
       V'iteïe.   V'avaie,
       I fon.   Il avon.

Imparfait.

Sing. J'iteuïe,   J'aveuïe,
       T'iteuïe,   T'aveuïe,
       Il ita.   Il ava.
Plur. J'iteing,   J'avaing,
       V'iteing,   V'avaing,
       Il iteing.   Il avaing.

Parfait defini.

Sing. Je fuçi,   J'euïçi,
       Te fuci,   T'euïçi,
       I fuci.   Il euïçi.
Plur. Je fuçing,   J'euïçing,
       Ve fuçing,   V'euïçing,
       I fuçing.   Il euïçing.

des Verbes Romançons.

ETRE.　　AVOIR.

PARFAIT INDÉFINI.

Sing. J'â itaïe.　　J'a avu,
　　　T'î itaïe,　　Ti avu,
　　　Il i itaïe,　　Il i avu *ou* il ot.
Plur. J'avan itaïe,　J'avan avu,
　　　V'avaïe itaïe,　V'avaïe avu,
　　　Il avon itaïe.　Il avon avu.

PLUSQUE-PARFAIT.

J'aveuïe itaïe.　J'aveuïe avu.

FUTUR.

Sing. Je ferâ,　　J'arâ,
　　　Te ferîe,　　T'arîe,
　　　I feri, *dans*　Il ari.
　les Atours, Iert.
Plur. Je feran,　　J'aran,
　　　Ve feraïe,　　V'araïe,
　　　I feron.　　Il aron.

FUTUR DU PASSIF.

J'arâ itaïe.　J'arâ avu.

L'*i* fans accent circonflexe a un fon mitoyen entre l'*e* & l'*i*.

L'*u* approche du fon de l'*e* dans l'article *de*, fans beaucoup ouvrir les levres.

V

Conjugaisons

PRESENT CONDITIONNEL.

Sing. Je fereuïe,   J'areuïe,
Te fereuïe,   T'areuïe,
I fera.   Il ara ou arot.
Plur. Je fereing,   J'areing,
Ve fereing,   V'areing,
I fereing.   Il areing.

II. CONDITIONNEL.

J'areuïe iraïe, J'areuïe avu.

IMPÉRATIT.

Sing. Seuïe,   Euïe.
Quî fucîë, qui   Qu'il avïë.
foïie.
Plur. Seuïan, *ou*   Euëffant,
faïant.
Seuïaïe,   Euïecéïe,
Qu'î fuccince   Qu'il aveince.
& qu'î faïence.

SUBJONCTIF.

IMPARFAIT.

Sing. Que j'fucîë,   Que j'euïecîë,
Qu-t'fucîë,   Qu-t'euïecîë,
Qu'î fucîë.   Qu'il euïecîë.

des Verbes Romançons.

ETRE.	AVOIR.
Plur. Que j'fuceince,	Que j'euïecince,
Que v'fuceince,	Que v'euïecince,
Qu'î fuceince.	Qu'il euïecince.

PRÉSENT.

	ETRE	AVOIR
Sing.	Que j'foïe,	Que j'avîe,
	Q-t'foïe,	Que t'avîe,
	Qu'î foïe.	Qu'il avîe.
Plur.	Que j'foïence,	Qu' j'avaince,
	Que v'foïence,	Que v'avaince,
	Quî fuceint *ou*	Qu'il avaince, *ou*
	qui foient.	qu'il euïceince.

PARFAIT.

	ETRE	AVOIR
Sing.	Que j'euïe itaie,	Que j'euïe avu,
	Que t'euïe itaie,	Qu-t'euïe avu,
	&c.	Qu'il euïe avu.
Pluriel........		Que j'aience avu,
		Que v'aience avu,
		Qu'il aience avu.

Peu ufité, mieux Q' j'euïecince avu, *&c.*

Nota. *Que ces trois temps s'emploient les uns pour les autres ; pour dire :* Il ne s'enfuit pas que j'aie aimé, *on dira :* î n's'enfum que j'euïcie, que j'avie, *ou* que jeuïe aimaiç. *Le dernier eft plus rare.*

V ij

Conjugaisons
ETRE.   AVOIR.
PLUSQUE-PARFAIT.
J'euïecie itaie.   J'euïecie avu.

CONJUGAISON
DES VERBES ACTIFS.

AIMER.   CUIRE.

AIMAIE.   KŒURE.

INDICATIF.

PRÉSENT.

J'AIME,   J'aïme,   JE keuïe,
T'aime,   T'aïme,   Te keuïe,
Il aime.   Il aïme.   Il keuïe.
 J'aiman,   Je keuïfan,
 V'aimeie,   Ve keuïfeïe,
 Il aimon.   I keuïfon.

IMPARFAIT.

J'aimeuïe,   J'aïmeu,   Je keuïfeuïe,
T'aimeuïe,   Te keuïfeuïe,
Il aima.   I keuïfa.
 J'aimeing,   Je keuïfing,

des Verbes Romançons.

AIMER.
V'aimeing,
Il aimeing.

CUIRE.
Ve keuïfing,
I keuïfing.

PARFAIT DÉFINI.

J'aimi,
T'aimi,
Il aimi.

Je keuïfi,
Te keuïfi,
I keuïfi.

J'aiming,
V'aiming,
Il aiming.

J'keuïfing,
V'keuïfing,
I keuïfing.

PARFAIT INDÉFINI.

J'a aimaie, aimaie. J'a keuïe, &c.
Ti aimaie,
Il i aimaie.
J'avan aimaie,
V'avaie aimaie,
Il on *ou* il avon aimaie.

PLUSQUE-PARFAIT.

J'aveuie aimaie, J'aveuie keuie, j'à
   j'aveu aimaie.   kuë.
T'aveuie aimaie,
Il ava aimaie.
   J'avaing aimaye,

Conjugaisons

AIMER.   CUIRE.

V'avaing aimaye,
Il avaing aimye.

FUTUR.

J'aimera,   J'keuira,
T'aimerîe,   T'keuirîe,
Il aimerit,   I keuiri.
J'aimeran,   J'keuiran,
V'aimeraie,   Ve ou v'keuieraye,
Il aimeron.   I keuiron.

FUTUR DU PASSE'.

J'arâ aimaie,   J'arâ keuie.
T'ari aimaie,
Il ari aimaie.
J'avan aimaie,
V'araie aimaie,
Il aron aimaie.

I. CONDITIONNEL.

J'aimereuie,   Je ou j'keuireuie.
T'aimereuie,
Il aimera.
J'aimeraing,
V'aimeraing,
Il aimeraing.

des Verbes Romançons.

AIMER.   CUIRE.

II. CONDITIONNEL.

J'areue aimaie,   J'areuie keuie, &c.
T'areuie aimaie,
Il ara aimaie.

J'aring aimaie,
V'araing aimaie,
Il araing aimaie.

IMPÉRATIF.

Aime.   Keuie.
Qu'il aimîe.   Qu'î keuiesîe.
Aiman.   Keuifan.
Aimaye.   Keuifaie.
Qu'il aimince.   Qu'î keuifince.

SUBJONCTIF.

PRÉSENT & IMPARFAIT.

Que j'aimîe,   Que je keuiesîe,
Que t'aimmîe,   Que te keuisîe,
Qu'il aimîe.   Qu'î keuisîe.

Que j'aimeince,   Que je keuifince,
Que v'aimeince,   Que v'keuifince,
Qu'il aimeince.   Qu'î keuiefince.

PARFAIT.

J'euie aimaie,   J'euie keuie, &c.

AIMER. CUIRE.

T'euie aimaie,
Il euient aimaie.
J'euecince aimaie,
V'euicince aimaie,
Il euie aimaie.

PLUSQUE-PARFAIT.

J'eucie aimaie, J'eucie keuie, &c.
T'eucie aimaie,
Il eucie aimaie.
J'eucince aimaie,
V'eucince aimaie,
Il euffince aimaie.

PARFAIT ANTÉRIEUR.
Quand j'â avu aimaie, &c.

II. ANTÉRIEUR.
Quand j'arâ avu aimaie, &c.

INFINITIF.
PRÉSENT.

AIMAIE,   KEUIERE, (*en deux syllables*) e *muet*.
           Keuie-re.

PARFAIT & PARTICIPE DU PASSÉ.
Aimaie. (awoir) *fem*.   Keuie. (awoir) *fem*.
Aamaiee.   keuite.

des Verbes Romançons. 161

AIMER.   CUIRE.

PARTICIPE PRE'SENT,
ou GE'RONDIF.

Aamant.   Keuisan. *sémin.*
                        keuisante.

Ainsi se conjuguent les Verbes françois en er.

OBSERVATION.

*Les autres Verbes prennent l'*r *quand elle est suivie d'un* e.

FAIRE. —— Fare.
LIRE. —— Laire.

*Excepté quand l'*r *est précédée du* t *ou du* d.

PROMETTRE. —— Proumatte.
BATTRE. —— Bate.
FEINDRE. —— Feinde.
DE'PENDRE. —— Depende.

Excepté, Moudre, *qui fait* Maoure.

X

FAIRE, FARE.
INDICATIF.

Sing. Je fâ,
Te fâ,
I fâ.
Plur. Je fafan, *ou* je faian,
Ve fafeie, *ou* ve faiaie,
I fafon, ou î faion.

IMPARFAIT.
Je fafeuie, *ou* je faieuie, &c.

PARFAIT DÉFINI.
Sing. Je fafi,
Te fafi,
I fafi.
Plur. Je fafeing,
Ve fafeing,
I fafeing.

PARFAIT INDÉFINI.
J'â fâ, &c.

PLUSQUE-PARFAIT.
J'aveuie fâ.

FUTUR.
Sing. Je ferâ,

des Verbes Romançons.

FAIRE, FARE.

Te ferî,
I feri,
Plur. Je feran,
Ve feraie,
I feron.

I. CONDITIONNEL.

Je fereuie.

SUBJONCTIF.

PRÉSENT & IMPARFAIT.

Que je fafie.

PARTICIPE.

Fâ. *feminin*, fâte.

GÉRONDIF.

Fafan *ou* faian.

VERBES.

MOUDRE, MAOURE. COUDRE, CAOURE

INDICATIF.

Sing. Je maouë,   Je caouë,
Te maouë,   Te caoue,
I maouë.   I caoue.
Plur. Je moulan,   Je coufan, &c.

MOUDRE.   COUDRE.
Ve moulaie,
I moulon.

IMPARFAIT.
Je mouleuie, Je couseuie, &c.

PARFAIT DE'FINI.
Sing. Je mouli,   J'cousi, &c.
Te mouli,
I mouli.
Plur. Je mouleing,
Ve mouleing,
I mouleing.

PARFAIT INDE'FINI.
J'â moulu.   J'â cousu.

PLUSQUEPARFAIT.
J'aveuie moulu. J'aveuie cousu.

FUTUR.
Sing. Je maoura, Je cousera, *ou* je
                 caoudra, &c.
Te maouri,
I maouri.
Plur. Je maouran,
Ve maouraie,
I maouron.

des Verbes Romançons.

MOUDRE. COUDRE.

I. CONDITIONNEL.

Je maoureuie, Je coufereuie, *ou* je caoudreuie.

SUBJONCTIF.

PRÉSENT & IMPARFAIT.

Que je moulîe. Que je cousîe.

PARTICIPE.

Moulu, *femin.* Coufu, *fem.* coufue.
Moulue.

GÉRONDIF.

Moulan. Coufan.

Le refte de ces Verbes fe conjuguent comme les précédents.

Les Verbes Romançons fuivent dans leurs Conjugaifons les mêmes régles que Mr. de Wailly donne pour les verbes françois. Ils ont les mêmes temps primitifs; ainfi il nous fuffira d'ajouter aux Conjugaifons précédentes quelques verbes de différentes terminaifons, en ne marquant que les temps dont fe forment les autres.

François.	Présent de l'Infinitif.	Participe.
Plumer.	plumaie,	plumaie.
Finir.	fini,	fini,
Sentir.	santi,	santi,
Ouvrir.	ouvri,	ouvri,
Venir.	veni,	venu,
Devoir.	dewoir,	du,
Plaire.	plare,	plu,
Paroître.	parîte,	paru,
Réduire.	rédûre,	rédû,
Plaindre.	plainde,	plain,
Rendre.	rande,	randu,
Poudrer.	paoure,	paouraie,
Elire.	ilaire,	ilu,
Combattre.	conbate,	conbatu,
Plaider.	plâdie,	plâdi.

Le Futur se forme du présent de l'Infinitif dans les verbes en aie, *ôtant cette syllabe, & la changeant en* ra.

I *ajoutant* ra, *excepté* veni, *qui fait*, vanra.

Woir, *changeant cette syllabe en* vra (*).

Are, *changeant* e *en* a.

(*) *Excepté* Pouwoir, awoir & rawoir, *qui la changent en* ra.

des Verbes Romançons.

GÉRONDIF.	PRÉSENT de l'Indicatif.	PARFAIT défini.
pluman,	je plume,	je plumi.
finiçan,	je fini,	je finiçi.
fantan,	je fan,	je fanti.
ouvran,	j'ouvre,	j'ouvri.
venan,	je ving,	je veni.
devan,	je dâ,	je devi.
plafan,	je pla,	je plafi.
pariçan,	je para,	je pariçi.
rédûfan,	je rédûe,	je rédûefi.
plaindan,	je plaing,	je plaindi.
randan,	je ran,	je randi.
paouran,	je paoure,	je paouri.
ilifan,	j'ilîe,	j'ilifi.
conbatan,	je conba,	je conbati.
plâdan,	je plâde,	je plâdi.

Re, *changeant* e *en* a.

Nde, *changeant* de *en* dra.

Aoure, *ajoutant* ra, *ou changeant* re *en* dra (*).

Ie & ate, *changeant* e *en* ra.

Ite, *changeant* îte *en* itra.

(*) *Le Verbe* Maoure, *fait* je maoura, maoufera, maoudra & je moulera.

SECONDE OBSERVATION.

Tous les présens des Infinitifs en er *dans les Atours de Metz, sont terminés en* eir.

AIMER. — Aimeir.
PÊCHER. — Paixier.
ENGLOBER. — Englobéir.

Les Verbes en erdre, *retranchent l'*r *après le* d.

INFINITIF.
PERDRE, Perde.

I. CONDITIONNEL & FUTUR.
Perderoit.

IMPARFAIT DU SUBJONCTIF.
Qui perdie, perdencent.

Verbes en oir.
Devoir, dewoir, douroit.
Avoir, awoir, averoit, eussiet, eus-
Pouvoir, pooir, pouroit. (ssiencent.
Vouloir, vouroit, qui voulcit.
       Plur. voulcincent.

On ne connoît point non plus dans les Atours les futurs, à l'exception de iert *pour il fera; i feron, il feront, & même rarement, on se sert en place du premier conditionnel, il seroit, il perdroit.*

LISTE

LISTE
CHRONOLOGIQUE
DES MAITRES-ÉCHEVINS DE METZ,

Pour servir à vérifier les dates des Chartres, Actes & autres monumens du Pays, & en connoître la véridicité ou la supposition, &c.

EXTRAITE

D'une liste manuscrite, qui a pour titre : *S'enfuivent les noms & furnoms de tous les fieurs Maiſtres-Échevins qui font eſté en la Cité de Metz depuis l'an mil cent foixante & dix, qu'ilz furent inſtituez, leſquelz feront cottez felon le miliaire de l'année qu'ilz ont régnez. Ce font les Maiſtres-Échevins qui font en l'Arche don grand Mouſtier.*

1. Sieur Benoist, qui fut institué audit an 1170 & le fut 15 ans.

2. POINCE, fils dudit sieur Benoît, institué en l'an 1185, & le fut huit ans.

3. HOUIN GOL, en 1193, & le fut trois ans.

4. SIMON FAUCOL, en 1196, & le fut quatre ans.

5. NICOLE CORBELZ, en 1200, & le fut trois ans.

6. AUBERT PIED-DE-CHAULE en 1203.

7. Sr. GUERCIRE BRIXEPAIN, en 1204.

8. Sr. ROULZ ROUILLEREZ *de Porte-Mozelle*, en 1205, & le fut deux ans.

9. Sr. NEMERY, fils de Dame Dorée, en 1207.

10. Sr. HUE DE LA COUR, en 1208, & le fut deux ans.

11. Sr. POINCE, fils de Henry de Porsaillis par 1210.

12. Sr. GOUBERT *de la Poterne*, en 1211.

des Maîtres-Echevins.

13. Sr. GUERSIRE NOIXE, en 1212, & le fut trois ans.

14. Sr. REIGNIER TINGNETERNE, en 1215, & le fut deux ans.

15. Sr. PIERRE, fils de Roulz *de Porte-Mozelle*, en 1217.

16. Sr. SIMON BELLEGRÉE, en 1218.

17. Sr. TRAIEXIN *de Porte-Mozelle*, en 1219.

18. Sr. NICOLLE BAIRONS, en 1220.

19. Sr. GERARD AUGEBERT, en 1221.

20. Sr. NICOLLE CLAIRIET, en 1222.

21. Sr. HUGUE LIETAL, en 1223.

22. Sr. THIEBAULT *de Port-Sailly*, en 1224.

23. Sr. PIERRE DE LA FOSSE, en 1225.

24. Sr. ANCEL-LE-SAUVAGE, en 1226.

25. Sr. GUEREIRE DE GOIXE, en 1227.

26. Sr. Boien Vallat *de Port-failly*, en 1228.

27. Sr. Hue ly Begue, en 1229.

28. Sr. Nicolle le Gournaix *le Vieux*, en 1230.

29. Sr. Mathieu Gaillard, en 1231. *En son temps commençast la guerre à Saint-Germain, laquelle dura quatre ans, sans avoir Maistres-Eschevins à Metz.*

(*) *Interrégne pendant les années 1232, 1233 & 1234.*

30. Sr. Pierre de Chastel, en 1235.

31. Sr. Isambair Malguerel, en 1236, il le fut deux ans. *A donc (alors) fut donnée l'esleciion aux Abbés & au Princier de l'Eglise Cathédrale de Metz, & adonc fut donné le Maître-Echevinaige à* Aubert, *son fils.*

32. Sr. Isambair Gouvion, en 1238.

33. Sr. Willaume ly Vouuez *de Maigney*, en 1239.

34. Sr. Nicolle Aixiet, en 1240.
35. Sr. Thiry Louuy, en 1241.
36. Sr. Jean Belle-barbe, en 1242.
37. Sr. Philippe de Ragecourt, en 1243.
38. Sr. Philippe Tigneterne, en 1244.
39. Sr. Richard *de dessus les murs*, en 1245.
40. Sr. Jean *de Saint-Julien*, en 1246.
41. Sr. Nicolle, fils d'Huon Fanel, en 1247.
42. Sr. Mathieu de Chambre, en 1248.
43. Sr. Baudouin ly Roy, en 1249.
44. Sr. Pierre Tigneterne, en 1250.
45. Sr. Mathieu le Mercier, 1251.
46. Sr. Bon Amy, en 1252.
47. Sr. Nicolas Brusle-vache, en 1253.

Liste

48. Sr. AUBERT DE CHAMPEZ, en 1254.

49. Sr. POINCE, fils du sieur Richard de dessus les murs, en 1255.

50. Sr. SIMON POUJOIZE, en 1256.

51. Sr. NICOLLE GOUVION, en 1257.

52. Sr. JACQUES DE CHAMBRE, en 1258.

53. Sr. JEAN DE LA COURT, en 1259.

54. Sr. HUGUE COLLON, en 1260.

55. Sr. JACQUES CRETTON, en 1261.

56. Sr. JEAN LE TROUUAN, en 1262.

57. Sr. PIERRE THOMAS, en 1263.

58. Sr. JEAN DE RAGECOURT, en 1264.

59. Sr. ALIXANDE MAGUEREL, en 1265.

60. Sr. THIERY BRIXEPAIN, en 1266.

61. Sr. THIEBAULT FAULGUENEL, en 1267.

des Maîtres-Echevins. 175

62. Sr. JACQUES DE NOUIANT, en 1268.
63. Sr. JEOFFROY LE GOURNAIX, en 1269.
64. Sr. NICOLLE, fils de Jaicomin le Gournaix, en 1270.
65. Sr. BAUDOUIN LOUVE, 1271.
66. Sr. PHILIPPE FAIXIN, 1272.
67. Sr. NICOLLE FAULGUENEL, 1273.
68. Sr. JEAN DE St. POLCOURT, en 1274.
69. Sr. JEAN, fils Jaicomin le Gournaix, en 1275.
70. Sr. AUBERT, fils Jean Xarein, en 1276.
71. Sr. POINCE DE COLLOIGNE, en 1277.
72. Sr. JACQUES FAUGUENEL, en 1278.
73. Sr. JEAN CORBEZ, en 1279.
74. Sr. POINCE, fils sieur Philippe de Ragecourt, en 1280.

75 Sr. Pierre Grasse-chair, en 1281.

76 Sr. Hugue Grasse-chair, en 1282.

77 Sr. Jean Bataille, en 1283. *En son temps votrent rebeleir la commune aux paraiges, & obrent chiefs d'iceux d'outre Saille, & fut arse leur banniere.*

78 Sr. Thiebault de Moiellan, en 1284.

79 Sr. Jacques le Gornaix, en 1285.

80 Sr. Jean Grasse-chair, en 1286.

81 Sr. Thiebault le Gournaix, en 1287. *En son temps fut l'ost devant la Chasée.*

82 Sr. Thiebault ly Maire, en 1288.

83 Sr. Thiebault Foural, en 1289.

84 Sr. Poince le Gournaix, en 1290.

Sr. Philippe.

des Maîtres-Échevins.

85 Sr. PHILIPPE GROSNEZ, en 1291.

86 Sr. GOUTÉ, en 1292.

87 Sr. JEAN PIED-DÉCHAUX, en 1293.

88 Sr. ULRY PIED-DÉCHAUX, en 1294.

89 Sr. GILLE HUYNE, en 1295.

90 Sr. JEAN CHAUDRON, en 1296.

91 Sr. HENRY THOMASSIN, en 1297.

92 Sr. JACQUES, fils de Jean Gouré, en 1298.

93 Sr. JACQUES, fils de Philippe Grosnez, en 1299.

94 Sr. SIMON de Chambre, en 1300. Et a donc faillirent ly Maistres-Eschevins par escors fair & commencoit-on à les faires par les paraiges. Voyez l'histoire de Metz.

95 Sr. MATHIEU SIMON, en 1301.

96 Sr. JACQUES DESSEIN, en 1302.

97 Sr. FERRY CHICLARRON, en 1303.

98 Sr. Nicolas de la Court, en 1304.

99 Sr. Arnoult de Gournaix, en 1305.

100 Sr. Etienne Fessal, en 1306.

101 Sr. Regnier *le Borgne*, en 1307.

102 Sr. Henry Roucel, en 1308.

173 Sr. Thiebault Bouguin, en 1309.

104 Sr. Guercire Rucce, en 1310.

105 Sr. Gille Tresbuchat, en 1311. *Cy fallont ly Chevaliers.*

106 Sr. Jeoffroy Joute, en 1312.

107 Sr. Hue Grinelz, en 1313.

108 Sr. Thiebault de Heu, en 1314. *A donc fut la grande mortalité.*

109 Sr. Nicolle Baudoche, en 1315. *Et adonc fut si grand*

des Maîtres-Echevins. 179

chier temps, que la quarte de bled valloit XVIII fols de Meſſain.

110 Sr. JEAN DE LA COURT, en 1316. Et adonc fut le bled ſy bon marché, que la quarte ne valloit que IIII fols.

111 Sr. POINCE CHAMEURE, en 1317. A donc mit on les noms des Mrs. Eſchevins on chaperon, on boite de bois.

112 Sr. JEAN WITHIER, en 1318. Ly grand feu le jour de Saint Sauveur, qui bruſla Salnerie.

113 Sr. JEAN DE LAITRE, en 1319.

114 Sr. PIERRE PAILLAT, en 1320. Adonc fut encor le grand feu à Metz.

115 Sr. BOUGUIN CHICLARON, en 1321. Adonc furent pluſieurs muzels mis à mort & exécutés pour leurs demerites.

116 Sr. AUBRIDCAT PIED-DÉCHAULT en 1322.

Z ij

117 Sr. SIMON LY GORNAIX, en 1323.
118 Sr. JEOFFROY GRONGNAT, en 1324.
119 Sr. HUGUE HUNEBOUJAT, en 1325. *Et adonc faillirent ly prud-hommes.*
120 Sr. GILLE LE BELZ, en 1326.
121 Sr. THIEBAULT FERRIAT, en 1327.
122 Sr. BURTRAND *de Jeuruë*, en 1328.
123 Sr. JEAN LE GORNAIX, 1329.
124 Sr. NICOLE BATAILLE, en 1330.
125 Sr. THIEBAULT LOHIER, en 1331.
126 Sr. HENRY ROUCEL, en 1332.
127 Sr. POINCE CUNEMENT, en 1333.
128 Sr. INGRANT BURCHON, en 1334.

des Maîtres-Echevins.

129 Sr. FRANÇOIS TOUPPAIT, en 1335.

130 Sr. PHILIPPE MARCOULZ, en 1336, & mourut en ladite année, & en refit-on un autre, du paraige de Porte-Mozelle, & le fut le sieur BAUDAWIN froide-viande.

131 Sr. BAUDAWIN froide-viande fut esleu comme dit est, & demeura l'an 1337.

132 Sr. JEAN NOIRON, en 1338.

133 Sr. JEAN de Marieulle, en 1339.

134 Sr. JEAN BAUDOCHE, en 1340.

135 Sr. NICOLE PIED-DÉCHAULT, en 1341.

136 Sr. POINCE de Vy, en 1342.

137 Sr. THIEBAULT de Metry, en 1343.

138 Sr. THIEBAULT BERBEL, en 1344.

139 Sr. WILLAUME WILLAMBAULT, en 1345.

140 Sr. JEAN BAUDOCHE, Chevalier, en 1346.

141 Sr. WILLAUME *le Hungre*, *Chevalier, revenu des prisons d'Angleterre*, en 1347.

142 POINCE LE GOURNAIX *de Chainge*, en 1348.

143 Sr. THIEBAULT LANBERT, en 1349.

144 Sr. JEAN RENGUILLON, en 1350.

145 Sr. GILLE LEBEL, en 1351.

146 Sr. NEMERY BAUDOCHE, en 1352.

147 Sr. JEAN DROWIN, en 1353.

148 Sr. NICOLE BAUDOCHE, en 1354.

149 Lisire THIBAULT, en 1355.

150 Sr. JEOFFROY MINE, en 1356.

151 Sr. BURTHE FAIXIN, en 1357.

152 Sr. EURCOL, en 1358.

153 Sr. AUBERT BOULLAY, en 1359.

154 Sr. PIERRE DE LAITRE, *Chevalier*, en 1360.

des Maîtres-Echevins. 183

155 Sr. GIRARD PAPEREL, en 1361.

156 Sr. PIERRE RENGUILLON, en 1362.

157 Sr. PIERRE FESSAULT, en 1363.

158 Sr. NICOLLE FRANÇOIS, en 1364.

159 Sr. NICOLLE DROWIN, en 1365.

160 Sr. LOUIS CHAMEURE, dit *Crowellet*, en 1366.

161 Sr. ARNOULT LAMBERT, en 1367.

162 Sr. NICOLLE NOIRON, en 1368.

163 Sr. NICOLLE MARCOULT, en 1369.

164 Sr. JEAN BAUDOCHE, en 1370.

165 Sr. JEOFFROY *Cueur de fer*, en 1371

166 Sr. JAICQUES LE GOURNAIX, en 1372.

167 Sr. JEAN DECH, en 1373.

168 Sr. Jean Simon, en 1374.

169 Sr. Nicolle Mortel, en 1375.

170 Sr. Poince Louue, en 1376.

171 Sr. Jean Burtrand, en 1377.

172 Sr. Pierre Bourginet ou Bourguien, en 1378.

173 Sr. Nicolle de Ragecourt, en 1379.

174 Sr. Arnoult Noiron, en 1380.

175 Sr. Burthe Paillait, en 1381.

176 Sr. Pierre Fessault, en 1382.

177 Sr. Nicolle Drowin, en 1383.

178 Sr. Jeoffroy *de Werixe*, en 1384.

179 Sr. Jacques Burtrand, en 1385.

des Maîtres-Echevins. 185

180 Sr. JOFFROIS LOHIER, en 1386.
181 Sr. JEAN *de Vy*, *Chevalier*, en 1387.
182 Sr. NICOLLE BAUDOCHE, en 1388.
183 Sr. BURTHE PAPPENNIATTE, en 1389.
184 Sr. NICOLLE LE GORNAIX, dit *Talgenel*, en 1390.
185 NICOLAS GROGNAT, en 1391.
186 Sr. JEAN RANGUILLON, en 1392.
187 Sr. WIRIAT BOUCHATTE, en 1393.
188 Sr. JAIQUE *de Laitre*, 1394.
189 Sr. NICOLE *de Meltry*, alias *Mollin*, en 1395.
190 Sr. WILLAUME FAULGUENEL, en 1396.
191 Sr. THIEBAULT BATAILLE, en 1397.
192 Sr. WIRIAT NOIRON, en 1398.

193 Sr. NEMERY BAUDOICHE, en 1399.

194 Sr. JEAN FAIXIN, en 1400.

195 Sr. JEAN AULBRION, en 1401.

196 Sr. ARNOULT BAUDOICHE, en 1402.

197 Sr. JAIQUE DEICH, *Chevalier*, en 1403.

198 Sr. JEAN RANGUILLON *le jeune*, en 1404.

199 Sr. HENRY ROUCEL, en 1405.

200 Sr. JEAN LE GORNAIX, en 1406.

201 Sr. JEAN *Cœur de fer*, en 1407.

202 Sr. NICOLLE LOUUE, *Chevalier*, en 1408.

203 Sr. POINCE LE GORNAIX, en 1409.

204 Sr. NEMERY RENGUILLON, en 1410.

205 Sr. ARNOULT FESSAULT, en 1411.

des Maîtres-Echevins.

206 Sr. PIERRE LE GORNAIX, en 1412.
207 Sr. NICOLLE DROWIN, en 1413.
208 Sr. JEOFFROIS *de Warixe*, en 1414.
209 Sr. VIRY *de Toult*, en 1415.
210 Sr. JEAN RANGUILLON, en 1416.
211 Sire ANDREU *de Wondrewange*, en 1417.
212 Sr. NICOLLE DROWIN, *fils de Jean Drowin, Chevalier*, en 1418.
213 Sr. ARNOULT *Cueur de fer*, en 1419.
214 Sr. ARNOULT BAUDOCHE *le jeune*, 1420.
215 Sr. NICOLLE GRONGNAT, en 1421.
216 Sr. GUERSICHUREZ, 1422.
217 Sr. NICOLLE ROUCEL, en 1423.
218 Sr. JAIQUE ROILLENAT, en 1424.

219 Sr. Nicole de Raigecourt, en 1425.
220 Sr. Willaume Chauerson, en 1426.
221 Sr. Pierre d'Andeney, en 1427.
222 Sr. Jean Paperal, en 1428.
223 Sr. Jean Deu-Amy *le jeune*, en 1429.
224 Sr. Jaique *le Hungre*, en 1430.
225 Sr. Nicole Loyer, en 1431.
226 Sr. Jaique *de Mirabel*, en 1432.
227 Sr. Aubert Boullay, en 1433.
228 Sr. Jean Erowins, en 1434.
229 Sr. Didier le Gornaix, en 1435.
230 Sr. Phelepin Marcoult, en 1436.
231 Sr. Pierre Renguillon, en 1437.
232 Sr. Jean le Gornaix, dit *Creppy*, en 1438.

233 Sr. JAIQUE SIMON, en 1439.

234 Sr. NICOLE ROUCEL, *fils du fieur Nicole Roucel*, en 1440.

235 Sr. JEAN BAUDOCHE, *qu'on difoit* BRULLAY, en 1441.

236 Sr. GUILLAUME PERPIGNANT, en 1442.

237 Sr. JEAN RÉMIAT, en 1443.

238 Sr. WIRIAT *de Toult*, en 1444.

239 Sr. JEAN *de Werixe*, en 1445.

240 Sr. NICOLE ROUCEL, *fils du fieur Henry Roucel*, en 1446.

241 Sr. RENAULT LE GORNAIX, *Chevalier*, en 1447.

242 Sr. JEAN BOULLAY, en 1448.

243 Sr. JEAN BAUDOCHE, en 1449.

244 Sr. JEOFFROY DESCH, *Chevalier*, 1450.

245 Sr. NEMERY RANGUILLON, *du Paraige d'outre Saille*, en 1451.

246 Sr. PERIN GEORGE, *du Paraige du commun*, en 1452.

247 Sr. NICOLLE PAPEREL, en 1453.

248 Sr. JEOFFROY *de Werixe*, en 1454.

249 Sr JAIQUEMIN DE RAIGECOURT, dit *Xappey*, en 1455.

250 Sr. JEOFFROY CHAUVERSON, en 1456.

251 Sr. PIERRE DAUDENEY, en 1457.

252 Sr. JEAN DE HEU, en 1458.

253 Sr. JEAN DABRIENNES, dit *Xauin*, en 1459.

254 Sr. WIRIAT LOUUE, en 1460.

255 Sr. PHILIPPE DESCH, *fils de sieur Jaicomin Desch, Chevalier*, en 1461.

256 Sr. WIRY ROUCEL, *Chevalier*, en 1462.

257 Sr. JEOFFROY, *Cueur de fer, Chevalier*, en 1463.

258 Sr. PIERRE BAUDOCHE, en 1464.

des Maîtres-Echevins. 191

259 Sr. JEAN LE GORNAIX, en 1465.

260 Sr. GEORGE DE SERRIER, *Chevalier*, en 1466.

261 Sr. REGNAULT LE GORNAIX, *fils du sieur Regnault le Gornaix, Chevalier*, en 1467.

262 Sr. MATHEU LE GORNAIX, en 1468.

263 Sr. ANDREU *de Ruich*, en 1469.

264 Sr. PHILIPPE DESCH, *fils de sieur Jeoffroy Desch, Chevalier*, en 1470.

265 Sr. JEAN PAPEREL, *fils de sieur Nicolle Paperel*, en 1471.

266 Sr. COINRARD *de Serrier*, en 1472.

267 Sr. PERIN LE GORNAIX, *fils du sieur Regnault le Gornaix, Chevalier*, en 1473.

268 Sr. MICHEL LE GORNAIX, *Chevalier*, en 1474.

269 PHILIPPE DE RAGECOURT, *Chevalier*, en 1475.

270 Sr. JEAN CHAUERSON, en 1476.

271 Sr. GIRARD PERPIGNANT, en 1477.

272 Sr. WIRIAT ROUCEL, en 1478.

273 Sr. FRANÇOIS LE GORNAIX, en 1479.

274 Sr. PERIN ROUCEL, en 1480. *Le gros de Metz, qui couroit pour XII deniers, fut mis à XVIII.*

275 Sr. NICOLLE REMIAT, en 1481.

276 Sr. RENAULT LE GORNAIX, 1482.

277 Sr. NICOLLE DESCH, en 1483.

278 Sr. JEAN LE GORNAIX, en 1484.

279 Sr. NICOLLE DE HEU, *Chevalier*, en 1485.

280 Sr. JACQUES DESCH, en 1486.

281 Sr. JEAN DABRIENNE, dit *Xeuin*, en 1487.

des Maîtres-Echevins. 193

282 Sr. MATHIEU LE GORNAIX, en 1488.

283 Sr. PIERRE BAUDOCHE, en 1489.

284 Sr. PERIN ROUCEL, en 1490.

285 Sr. JEAN PAPERELZ, *fils de fieur Nicolle Paperelz*, en 1491.

286 Sr. COINRARD DE SIRRIER, *Chevalier*, en 1492.

287 Sr. JACQUES DESCH, en 1493.

288 Sr. JEAN DABRIENNES, dit *Xauin*, en 1494.

289 Sr. ANDRÉ *de Rineck, Chevalier*, en 1495.

290 Sr. NICOLLE ROUCEL *fils de fieur Henriat Roucel*, en 1496.

291 Sr. NICOLE REMIAT, en 1497.

292 Sr. WIRIAT ROUCEL, *Chevalier*, en 1498.

293 Sr. RENAULT DE GORNAIX, *fils de fieur François de Gornaix, Chevalier*, en 1499.

294 Sr. MICHEL DE GORNAIX, en 1500.

Liste

295 Sr. Claude Baudoche, *fils de sieur Pierre Baudoche*, en 1501.

296 Sr. Philippe Desch, *fils de sieur Nicolle Desch, Chevalier,* 1502.

297 Sr. Thiebault de Gornaix, *fils de sieur François de Gornaix,* en 1503.

298 Sr. Michel de Gornaix, *fils de sieur Renault de Gornaix,* en 1504.

299 Sr. Androuin Roucel, *fils de sieur Wiry Roucel, Chevalier,* en 1505.

300 Sr. Nicole Desch, *fils de sieur Nicolas Desch, Chevalier,* en 1506.

301 Sr. Michel Chauverson, *fils de sieur Michel Chauverson,* en 1507.

302 Sr. Jean Roucel, *fils de sieur Wiry Roucel, Chevalier,* en 1508.

303 Sr. Nicole Desch, en 1509.

des Maîtres-Echevins.

304 Sr. MICHEL LE GORNAIX, fils de sieur Renault de Gornaix, en 1510.

305 Sr. JEAN LE GORNAIX, en 1511.

306 Sr. PHILIPPE DE RAGECOURT, fils de sieur Philippe de Ragecourt, Chevalier, en 1512.

307 Sr. JEAN BAUDOCHE, fils de sieur Pierre Baudoche, en 1513.

308 Sr. MICHEL CHAUVERSON, en 1514.

309 Sr. PHILIPPE DE RAGECOURT, en 1515.

310 Sr. MICHEL DE GORNAIX, fils de sieur François de Gornaix, en 1516.

311 Sr. JEAN ROUCEL, en 1517.

312 Sr. JOACHIN CHAUVERSON, fils de sieur Jean Chauverson, en 1518.

313 Sr. MICHEL DE GORNAIX, fils de sieur François de Gornaix, en 1519.

314 Sr. HUMBERT DE SERRIER, fils de fieur Coinrard de Serriere, Chevalier, en 1520.

315 Sr. JOACHIN CHAUVERSON, en 1521.

316 Sr. CLAUDE BAUDOCHE, Chevalier, fils de fieur Pierre Baudoche, en 1522.

317 Sr. JASPAR DE GORNAIX, fils de fieur François de Gornaix, en 1523.

318 Sr. NICOLLE ROUCEL, fils de fieur Wiriat Roucel, en 1524.

319 Sr. ANDROUAIN ROUCEL, fils de fieur Wiry Roucel, en 1525.

320 Sr. RENAULT DESCH, fils de fieur Philippe Defch, en 1526.

321 Sr. PHILIPPE DESCH, fils de fieur Nicolle Defch, Chevalier, en 1527.

322 Sr. NICOLLE DE HEU, Amant, fils de Sr. Nicole de Heu, Chevalier, en 1528.

323 Sr. RENAULT DESCH, en 1529.

des Maîtres-Echevins. 197

324 Sr. NICOLAS DE RAGECOURT, *fils de fieur Philippe de Ragecourt, Chevalier*, en 1530.

325 Sr. HUMBERT DE SERRIERE, en 1531.

326 Sr. MICHEL DE BARISY, *fils de fieur André de Barify*, en 1532.

327 Sr. ROBERT DE HEU, en 1533.

328 Sr. GASPAR DE GORNAIX, en 1534.

329 Sr. NICOLAS DE GORNAIX, *fils de fieur Renault de Gornaix*, en 1535.

330 Sr. MICHEL BARISEY, en 1536.

331 Sr. CLAUDE DE GORNAIX, *fils de fieur Thiébault de Gornaix*, en 1537.

332 Sr. NICOLAS LE GORNAIX, en 1538.

333 Sr. MARTIN DE HEU, en 1539.

334 Sr. JACQUES DESCH, en 1540.

335 Sr. ROBERT DE HEU, *Ecuyer*, en 1541.

336 Sr. JASPAR DE HEU, *Ecuyer*, en 1542.

337 Sr. RICHARD DE RAGECOURT, *Ecuyer*, en 1543.

338 Sr. FRANÇOIS BAUDOCHE, *Ecuyer*, en 1544.

339 Sr. MARTIN DE HEU, *Ecuyer*, *fils de Nicolle de Heu*, en 1545.

340 Sr. RICHARD DE RAGECOURT, en 1546.

341 Sr. FRANÇOIS BAUDOCHE, *Ecuyer*, en 1547.

342 Sr. JASPAR DE HEU, *Ecuyer*, en 1548.

343 Sr. ROBERT BAUDOCHE, *fils de sieur Claude Baudoche*, en 1549.

344 Sr. . . . . en 1550.

345 Sr. NICOLAS DE GORNAIX, *Chevalier*, en 1551.

346 Sr. JACQUES DE GORNAIX, *fils de sieur Michel de Gornaix*, en 1552.

des Maîtres-Echevins.

347 Sr. JEAN SOULTAIN, *Amant*, en 1553.

348 Sr. MICHEL PRAILLON, *Amant*, en 1554.

349 Sr. PIERRE COPPAT, en 1555.

350 Sr. MICHEL PRAILLON, *Amant*, en 1556.

351 Sr. PIERRE DE LA MAIXE, en 1557.

352 Sr. MICHEL PRAILLON, *Amant*, en 1558.

353 Sr. PIERRE DE LA MAIXE, en 1559.

354 Sr. JEAN SOULTAIN, *Amant*, en 1560.

355 Sr. JEAN LE BRACONNIER, en 1561.

356 Sr. THOMAS MONDREGOL, en 1562.

357 Sr. DIDIER DE VILLER, *Amant*, en 1563.

358 Sr. FRANÇOIS DINGUENHEYN, *Amant*, en 1564.

Liste

359 Sr. DIDIER DE VILLER, *Amant*, en 1565.

360 Sr. JEAN LE BRACONNIER, *le jeune*, en 1566.

361 Sr. MATHIEU DE MONDELLANGE, *Amant*, en 1567.

362 Sr. MATHELIN LE FEBVRE, *Amant*, en 1568.

363 Sr. DIDIER DE VILLER, en 1569.

364 Sr. MATHIEU DE MONDELLANGE, *Amant*, en 1570.

365 Sr. JEAN HOUAT, *Amant*, en 1571.

366 Sr. FRANÇOIS TRAUAULT, *Amant*, en 1572.

367 Sr. DIDIER DE VILLER, *Amant*, en 1573.

368 Sr. MATHIEU DE MONDELLANGE, *Amant*, en 1574 & 1575.

369 Sr. WIRIAT COPPREL X, en 1576.

370 Sr. JEAN HOUAT, en 1577.

des Maîtres-Échevins.

371 Sr. JACQUES PRAILLON, *Amant*, en 1578, 1579 & 1580.

372 Sr. DIDIER DE VILLERS, *Amant*, en 1581, jusqu'en 1584, inclusivement.

373 Sr. WIRIAT COPPERELZ, en 1585, jusqu'en 1587, inclusivement.

374 Sr. JACQUES PRAILLON, *Amant*, en 1588, jusqu'en 1599, inclusivement.

375 Sr. CLAUDE NOBLET, en 1600, *pendant sept semaines.*

376 Sr. JEAN DE VILLERS, *le reste de* 1600, & 1601.

377 Sr. JEAN DE ST. JURE, en 1602.

378 Sr. NICOLAS MAGUIN, 1603.

379 Sr. JACQUES PRAILLON, en 1604.

380 Sr. NICOLAS LUQUIN, en 1605.

C c

381 Sr. CHARLES SARTORIUS, en 1606.

382 Sr. JEAN DE VILLERS, en 1607.

383 Sr. JEAN DE ST. JURE, en 1608.

384 Sr. NICOLAS MAGUIN, en 1609.

385 Sr. ABRAHAM FABERT, en 1610, & jusqu'en 1613, inclusivement.

386 Sr. DEMANGE FLORE, le trois Juin 1614.

387 Sr. NICOLAS MAGUIN, en 1615, jusqu'en 1618.

388 Sr. ABRAHAM FABERT, le premier Juin 1618, jusqu'en 1620.

389 Sr. JEAN DE VILLERS, le premier Juin 1621, jusqu'au trois Septembre 1624.

390 Sr. ABRAHAM FABERT, le trois Septembre 1624, jusqu'au sept Janvier 1625.

391 Sr. DEMANGE FLORE, depuis le sept Janvier 1625, jusqu'au dernier Novembre 1626.

des Maîtres-Echevins. 203

392 Sr. JEAN DE VILLERS, depuis le premier Décembre 1626, jufqu'au premier Juillet 1630.

393 Sr. ISAAC BAGNE, le deux Juillet 1630, jufqu'au quatre Décembre 1631.

394 Sr. JEAN-BAPTISTE DE VILLERS, *Seigneur de Saulny*, le 4 Décembre 1631.

395 Sr. ABRAHAM FABERT, *Seigneur de Moulin*, depuis le décès du précédent, jufqu'au

396 Sr. PHILIPPE PRAILLON, le . . . . jufqu'au mois de Mai 1632.

397 Sr. ABRAHAM FABERT, *Seigneur de Moulin*, élu le . . . Mai 1632, jufqu'au . . .

398 Sr. N. ANTOINE GUICHARD, depuis le décès du fieur Fabert, jufqu'au . . .

399 Sr. PHILIPPE PRAILLON, établi le. . . 1633, jufqu'en 1640.

C c ij

400 Sr. ADRIEN DE BONNE FOI, élu le 24 Avril 1640.

401 Sr. HENRY DE GOURNAY, *Seigneur de Talange & Coin-sur-Seille*, élu le 16 Juin 1641, & continué jusqu'en Mai 1648.

402 Sr. SIMON THIOLET, en Mai 1648, jusqu'en . . . 1659.

403 Sr. ABRAHAM FABERT, depuis 1659, jusqu'en 1662.

404 Sr. DE LA GRILLONNIERE, pendant les années 1663 & 1664.

405 Sr. DE GOURNAY, *Seigneur de Secours, Bailli de l'Evêque*, en 1665 & 1666.

406 Sr. DE GIVRY, *Lieutenant de Roi à Mouson*, en 1667, jusqu'en 1668, exclusivement.

407 Sr. DE LA GRILLONNIERE, en 1678, jusqu'à sa mort en 1683.

408 Sr. HENRY POUTET, *Seigneur de Vitrange*, &c. reçu le 4

des Maîtres-Echevins. 205
Mai 1683, jusqu'en 1687, inclusivement.

409 Sr. PHILIPPE PANTALÉON, *Lieutenant-Général au Bailliage*, en 1688 & 1689.

410 Sr. LOUIS JEOFFROY, *Assesseur au Présidial*, en 1690 & 1691.

411 Sr. CHRISTOPHE D'AUBURTIN, en 1692, & n'a exercé que jusqu'à la réception de Mr. de Rissan, *Titulaire perpétuel*, créé d'Office par Edit de 1691.

412 Ledit Sr. DE RISSAN, *Titulaire*, jusqu'à sa mort, en 1709.

413 Sr. CLAUDE-PHILIPPE D'AUBURTIN de Bionville, *Maitre-Echevin titulaire & perpétuel*, alternatif avec Mr. de Rissan, créé par Edit de 1707, jusqu'à sa mort arrivée le premier Septembre 1738.

414 Sr. NICOLAS-ETIENNE D'AUGNY, *Titulaire*, après la mort de Mr. de Rissan, depuis 1709, jusqu'en 1738.

415 Sr. LOUIS LANÇON de Sainte-Catherine, élu par le peuple, & confirmé par le Roi, après l'Edit de suppression desdits Maîtres-Echevins titulaires, du mois de Juin 1717, a été reçu le 8 Janvier 1718, & a exercé six mois, jusqu'au rétablissement des sieurs d'Augny & d'Auburtin dans leurs Offices, par Arrêts de 1718 & 1719, lesquels ont exercé jusqu'en 1738.

416 Sr. FRANÇOIS LE FEVRE, nommé par Lettre de cachet, pour deux ans, finissant au mois d'Août 1740.

417 Sr. CLAUDE PAGEL de Vantoux, élu par le peuple & confirmé par le Roi, au mois d'Octobre 1741, reçu le 12 Mai 1742.

418 Sr. CLAUDE-JOSEPH MAMIEL de Marieulle, en 1745, élu par le peuple, nommé par le Roi le 8 Septembre 1748, reçu en vertu de cette élection, le 22 Janvier 1749, & continué jusqu'en 1758.

419 Sr. NICOLAS-FRANÇOIS

des Maîtres-Echevins.

DE LANÇON, *Seigneur de Ste. Catherine, élu le* 12 *Février* 1758, *reçu le* 5 *Avril suivant, mort en exercice le* 6 *Mars* 1767.

420 Sr. NICOLAS-LOUIS-FRANÇOIS DE BERTRAND, *élu par le peuple, & confirmé par le Roi, fut installé le* 14 *Juillet* 1767, *jusqu'en* 1772. *Depuis cette année, il continue à exercer en qualité de titulaire, par le traité du* 3 *Avril* 1772. *il est, comme on le voit, le quatre-cent-vingtième Maître-Echevin de Metz. Quelle rapidité dans la succession des hommes!*

Vita vitrum est, glacies, somnus, flos, fabula, fœnum,
Umbra, cinis, punctum, vox, sonus, aura, nihil.

FIN.

EXTRAIT des Régistres de la Société Royale des Sciences & des Arts de la Ville de Metz ;

Du lundi 19 Juillet 1773.

MESSIEURS le Baron DE TSCHUDY & GOUSAUD, ancien Avocat-Général, après avoir examiné attentivement le manuscrit, qui a pour titre : *VOCABULAIRE AUSTRASIEN, pour servir à l'intelligence des preuves de l'Histoire de Metz, des Loix & Atours de la même Ville ; des Chartres, Titres, Actes & autres monumens du moyen âge, &c.* Composé par DOM JEAN-FRANÇOIS, *Religieux Bénédictin, Membre titulaire de la Société Royale des Sciences & des Arts de Metz* : ont reconnu que ce *Vocabulaire* rémplissant parfaitement son objet, l'impression en seroit avantageuse au public, & singuliérement à cette Province, pour l'utilité de laquelle il a été principalement composé.

En conséquence, l'Académie Royale a autorisé Dom *Jean-François*, à faire imprimer ce *Vocabulaire* sous son Privilége, duquel je lui ai délivré une *Ampliation*. Fait à Metz ce dix-sept Septembre mil sept cent soixante-treize.

Signé, DUPRÉ DE GENESTE, *Secrétaire perpétuel de l'Académie Royale des Sciences & des Arts de Metz.*

PRIVILÉGE DU ROI.

LOUIS, PAR LA GRACE DE DIEU, ROI DE FRANCE ET DE NAVARRE: A nos amés & féaux Conseillers les gens tenans nos Cours de Parlement, Maître des Requêtes ordinaires de notre Hôtel, Grand Conseil, Prevôt de Paris, Baillifs, Sénéchaux, leurs Lieutenans civils & autres nos Justiciers qu'il appartiendra ; SALUT. Notre bien amée *la Société des Sciences & Arts de notre Ville de Metz*, Nous a fait exposer qu'elle auroit besoin de nos Lettres de Privilège pour l'impression de ses ouvrages. A CES CAUSES, voulant favorablement traiter ladite Société, nous lui avons permis & permettons par ces présentes de faire imprimer par tel Imprimeur qu'elle voudra choisir, *tous les Ouvrages des Sciences & Arts de Metz, qu'elle voudra faire imprimer en son nom*, en tels volumes, forme, marge, caracteres, conjointement ou séparément, & autant de fois que bon lui semblera & de les faire vendre & débiter par-tout notre Royaume pendant le temps de quinze années consécutives, à compter du jour de la date des présentes, sans toutefois qu'il puisse être imprimé d'autres ouvrages qui ne soient pas de notredite Société. Faisons défenses à tous Imprimeurs, Libraires & autres personnes de quelque qualité & condition qu'elles soient, d'en introduire d'impression étrangere dans aucun lieu de notre obéissance, comme aussi d'imprimer ou faire imprimer, vendre, faire vendre, débiter ni contrefaire lesdits ouvrages en tout ou en partie, ni d'en faire aucuns extraits sous quelque prétexte que ce puisse être, sans la permission expresse & par écrit de notredite Société ou de ceux qui auront droit d'elle, à peine de confiscation des exemplaires contrefaits, de trois mille livres d'amende contre chacun des contrevenans, dont un tiers à Nous, un tiers à l'Hôtel-Dieu de Paris, & l'autre tiers à notredite Société, ou à celui qui aura droit d'elle & de tous dépens, dommages & intérêts; à la charge que ces Préfentes feront enrégiftrées tout au long fur le Régiftre de la Communauté des Imprimeurs & Libraires de Paris, dans trois mois de la date d'icelles que l'impreffion defdits ouvrages fera faite dans notre Royaume & non aillieurs, en bon papier & beaux caracteres, conformément aux Réglemens de la Librairie; qu'avant de les expofer en vente, les manufcrits qui auront fervi de copie à l'impreffion defdits ouvrages, feront remis dans le même état où l'approbation y aura été donnée ès mains de notre très-cher & féal Chevalier & Chancelier de France le Sieur DE LAMOIGNON, & qu'il en fera enfuite remis deux exemplaires de chacun dans notre Bibliotheque publique, ou dans celle de notre Château du Louvre & un dans celle de notredit très-cher & féal Chevalier Chancelier de France, le Sieur DE LAMOIGNON, le tout à peine de nullité des Préfentes: du contenu defquels, vous mandons & enjoignons de faire jouir notredite Société & fes ayant caufes, pleinement & paifiblement, fans fouffrir qu'il leur foit fait aucuns troubles ou empêchemens. Voulons que la copie des Préfentes qui fera imprimée tout au long au commencement ou à la fin defdits ouvrages, foit tenue pour duement fignifiée, & qu'aux copies collationnées par l'un de nos amés & féaux Confeillers-Secrétaires, foi foit ajoutée comme à l'original. Commandons au premier notre Huiffier ou Sergent fur ce requis, de faire pour l'exécution d'icelles, tous actes requis & néceffaires, fans demander autre permiffion, & nonobftant clameur de Haro, Chartre Normande & Lettres à ce contraires: CAR tel eft notre plaifir. Donné à Marly le douziéme jour du mois de Juin, l'an de grace mil fept cent foixante-un, & de notre régne le quarante-fixiéme. Par le Roi. *Signé*, LE BEGUE, avec grille & paraphe.

Régiſtré ſur le Régiſtre XV de la Chambre Royale & Syndicale des Libraires & Imprimeurs de Paris, N°. 407, fol. 199, *conformément au Réglement de* 1723. *A Paris ce* 24 *Juillet* 1761. *Signés*, SAILLANT & BAUCHE, *Adjoints*.

www.ingramcontent.com/pod-product-compliance
Lightning Source LLC
Chambersburg PA
CBHW062001180426
43198CB00036B/1998